版权声明

First published by Teachers College Press, Teachers College, Columbia University, New York, New York USA.

Copyright ©2015 by Teachers College, Columbia University.

All rights reserved. No part of this publication may be reproduced or transmitted in any form or by any means, electronic or mechanical, including photocopy, or any information storage and retrieval system, without permission from the publisher.

保留所有权利。非经中国轻工业出版社"万千教育"书面授权，任何人不得以任何方式（包括但不限于电子、机械、手工或其他尚未被发明或应用的技术手段）复印、拍照、扫描、录音、朗读、存储、发表本书中任何部分或本书全部内容（包括但不限于光盘、音频、视频等）。中国轻工业出版社"万千教育"未授权任何机构提供源自本书内容的电子文件阅览、收听或下载服务。如有此类非法行为，查实必究。

Becoming Young Thinkers: Deep Project Work in the Classroom

幼儿园项目活动中的
深度学习

〔美〕朱迪·哈里斯·赫尔姆（Judy Harris Helm）／著

钱 雨／译

图书在版编目（CIP）数据

幼儿园项目活动中的深度学习／（美）朱迪·哈里斯·赫尔姆（Judy Harris Helm）著；钱雨译. —北京：中国轻工业出版社，2024.6（2025.1重印）

ISBN 978-7-5184-4331-4

Ⅰ.①幼… Ⅱ.①朱… ②钱… Ⅲ.①学前教育–教学研究 Ⅳ.①G612

中国国家版本馆CIP数据核字（2023）第030402号

责任编辑：牟 聪　　　　　　责任终审：张乃柬
文字编辑：李芳芳　　　　　　责任校对：刘志颖
策划编辑：高 君　　　　　　责任监印：吴维斌

出版发行：中国轻工业出版社（北京鲁谷东街5号，邮编：100040）
印　　刷：三河市鑫金马印装有限公司
经　　销：各地新华书店
版　　次：2025年1月第1版第3次印刷
开　　本：710×1000　1/16　印张：14
字　　数：145千字
书　　号：ISBN 978-7-5184-4331-4　定价：58.00元

读者热线：010-65181109
发行电话：010-85119832　010-85119912
网　　址：http://www.chlip.com.cn　http://www.wqedu.com
电子信箱：1012305542@qq.com

版权所有　侵权必究
如发现图书残缺请拨打读者热线联系调换
242239Y1C103ZYW

译 者 序

对幼儿园项目活动的热爱，始于我对"课程应尊重儿童、追随儿童"这一教育理念的赞同。有学者把追随儿童的课程改革形容为"森林旅行"[①]，这是一个很美好的比喻。在我看来，理想的项目活动恰似一次旅行。参与项目活动的师生如同充满探究欲和好奇心的旅行者，而旅行的目的地可能是密林中的某个古老城堡，可能是一座低矮的山丘，也可能是一条神秘的潺潺溪流……无论目的地何在，旅行都既无固定路线，也没有直达列车。为了完成旅行，旅行者必须彼此协商路线、交流想法。仅仅这样还不够，他们还要仔细观察沿途的各种风景与线索，如太阳的位置、树木的生长情况、光线的折射、水流的变化……并在地图、指南针等工具的帮助下前行。

"森林旅行"不是漫无目的的流浪，更非跟着导游的小旗亦步亦趋地前进。在教师和儿童的合作下，旅行可能变成一次偶遇、一次探险、一个奇迹……充满了激动人心的、美妙的收获。美国作家、哲学家和自然主义者亨利·戴维·梭罗（Henry David Thoreau）这样形容："所有事物都在我的四面八方。""我就是罗马广场，就是通往亚壁和献祭的大道，以及其他成千上万的通往世界各处的道路。"

自2004年我在江苏省南京市太平巷幼儿园完成关于生成课程的硕士论文以来，我就对瑞吉欧课程等生成课程深深着迷。不过，最打动我的还是我的课题实验园所开展的项目活动实践。在项目活动中，教师用心倾听儿童，儿童的提问得到最大尊重，我也是他们"旅途"中的同伴。

为什么项目活动对儿童很重要呢？项目活动是基于项目学习的课程模式，它具有综合性、探究性的特点，注重儿童的想法。我们所生活的真实世界充满复杂性，我们在现实生活中遇到的问题往往无法凭借单一学科知识完满地解决。然而，科学文明的演进影响了学校教育，使得学校里学科分离，科目之间壁垒

[①] 崔允漷. 期待突破的"森林之旅"[N]. 中国教育报，2005-11-13（3）.

森严。

虽然课程研究者日益认可儿童视角的重要性,园长和教师也熟知不少经典原理,如"游戏是幼儿园的基本活动""课程即经验""做中学"等,但知易行难,成人依然是多数活动的主导者,刻板的课程计划主导着幼儿的一日生活。[①]

早在启蒙运动时期,法国的思想家让-雅克·卢梭(Jean-Jacques Rousseau)就对人为的课程组织方式提出了质疑,认为这是"不自然"的。20世纪初,美国进步主义教育家约翰·杜威(John Dewey)和威廉·赫德·克伯屈(William Heard Kilpatrick)对项目活动进行了不断探究,使这一领域日益成熟。今天,基于项目的学习已经成为幼儿园、小学甚至中学和大学的重要课程与教学模式之一。

虽然项目活动的意义毋庸置疑,但它的组织与实施一直困扰着教师。许多教师认为,项目活动实施难度颇大。当课堂上充满了各种可能性时,教师往往觉得"心里没底"。其实,"课堂上始终充盈着师生之间不可预期的互动与变化,不断生成新的体验。只是这无时无刻不在的生成、变化,或许还没有引起教师的足够注意。课程好比奔跑者在跑道上奔跑的过程,是个体行走的体验"[②]。人在走,景色也在流动,可以说,世界上并没有"非生成"的课程。

美国教育学家和课程理论专家拉尔夫·泰勒(Ralph Tyler)曾经指出,在各种课程来源中进行筛选的标准有三个:儿童的兴趣、学科的发展和社会的需要。不过,这样的标准对"旅行者"来说还不够具体,因为每个标准都包括了广泛的可能性。在我的课题组开展项目活动的过程中,我总结了如下三个选择主题的基本原则。

1. 应符合儿童的年龄特征和个体差异

人的创造或探究本能是与生俱来的,但不同年龄的儿童适合不同的探究形

[①] 钱雨."课程游戏化":童年的诗性旅程[J]. 教育发展研究,2021,41(02):58-64.
[②] 钱雨. 论生成课程的理论与实践[J]. 教育理论与实践,2012,32(31):61-64.

式和表达手段。小学高年级的主题选择可以结合问卷调查、课堂讨论、演讲等形式进行；幼儿园和小学低年级的儿童可以通过绘画、发言等手段表达自己感兴趣的主题。

2. 应与儿童的生活体验紧密联系

好主题应该建立在儿童已经知道和想要知道的内容基础上，并和特定的学校及社区资源相适应。主题通常来自儿童和教师的兴趣，周边资源和环境，以及生活中的各种人和事等。对学校周围河流污染的调查、对交通指示牌的研究、对社区人员的访谈等，都会引起儿童的兴趣。

3. 应呈现供儿童调查和探究的内容

好主题必须能呈现供儿童调查、探究的内容，以便帮助儿童建构与主题相关的概念和经验，而不是传授孤立的知识点。即使是"昆虫都吃叶子吗？""一次性用品好不好？"等略显复杂的主题也没有关系。对于"种子如何长大？"这一类主题，教师可以提供一段较长的时间让它自然发展。教师也不要害怕或回避某些具有争议性或牵涉情绪的主题，如"为什么要考试？""肥胖是坏事吗？"等。相反，幼儿园和学校应该成为支持这一类主题的场所，从而正确地引导学生形成自己的观点。

本书作者朱迪·哈里斯·赫尔姆（Judy Harris Helm）在书中简明扼要地介绍了项目活动的理论基础，并把项目活动与单元课程、主题课程和学习区等关键词进行了一番对比。而作为一个项目活动实践家，赫尔姆更擅长项目活动实践。她把教师在项目活动中经常遇到的问题用图片、表格直观地表现出来，用具体的案例演绎出来，让人一目了然、举一反三。例如，本书借鉴了一个同心圆来演绎完美的主题和儿童自身的关系，说明如何选择合适的主题。在这个同心圆里，儿童处于中心位置。离儿童生活越近的主题越适合年幼的孩子。对此，我深表赞同。

再如，第六章中赫尔姆列举了一个手工活动中常见的例子——制作纸盘蜘蛛。从根本上来说，纸盘蜘蛛只是一个被贴上"蜘蛛"标签的手工制品。"它同样可以很轻易地被贴上章鱼或水母的标签，因为纸盘蜘蛛和真正的蜘蛛没有多少共同点。很多教师、家长和园长认为这种活动也没什么坏处",“然而，当我们分析儿童制作纸盘蜘蛛所需要的思考过程时，这项活动就不显得那么无害了"——它阻碍了儿童创作自己独一无二的作品，"它不再是对儿童思维的演绎，而是变成对教师想法的展示……教师做出的每一次选择都等于剥夺了儿童的一次选择机会"。

当读到上面这句话时，我深以为然，甚至内心充满感动。在我国的幼儿园与小学课程实践中，存在着多少无用甚至有害的内容呢？赫尔姆随后用一个真正的"蜘蛛"项目活动与制作纸盘蜘蛛活动做了对比。

类似制作纸盘蜘蛛的学习活动的危害之一，就是它可能在无意中暗示孩子，他们的能力低微。制作纸盘蜘蛛的任务，尤其是制作手风琴式的折叠腿，可能对不止一个4岁儿童来说是困难的。如果一个儿童无法完成这项任务，不能让他的蜘蛛和模型一模一样，或者更糟糕的是，教师通过帮这个儿童制作蜘蛛来"拯救他于水火之中"，那么这个儿童进行表征和创造的学习倾向将会受到影响。儿童使用艺术材料来表达自己的想法以及思考和解决问题的学习倾向，也可能受到损害。

当旅行目的地大致确定后，下一步就是制订相应的计划并选择合适的路线。在旅行过程中，如果完全给予儿童自由，不开展有效的讨论和给予适当的支持，那么可能会使一段精彩的旅行半途而废，教师自身往往也会因为不知道"下一步该往哪里走"而感到手足无措。

项目活动实施中容易出现的另一种问题是用成人的眼光看待儿童的兴趣和需要，用成人的思路引导儿童的声音，最终儿童的想法被成人直接控制和取代了。项目活动的实施并不是一种沿着一条别人规定的路线向前走的运动。

现今，"'目标游戏'即使不是教育中唯一的游戏，也依然是教育中的主要游戏"。在现代主义课程观中，教学活动的目标指引着活动的全过程。"在这种机械性导向的课程中，目标是外在的并先于教学过程而确定；目标一旦设定，便要贯穿整个课程。教师成为驾驶员（通常驾驶的是别人的车）；学生最多是旅客，更糟的是成为被驱动的物体。"①

正如艾伦·A. 布洛克（Alan A. Block）所言，课程"应该被理解为一种机会，甚至是某种迷失的机会"。本书作者也认为，"作为教育工作者，我们应该像汽车工程师一样思考并规划儿童的学习经验"，使他们能够"在21世纪的高速公路上驰骋，而不是将他们局限于未来的小路上"。

关于基础教育中存在的遗憾，我在我的家教书里不止一次地提到过。通过我的三个孩子在中美不同学校里的故事，可以看到当前许多基础教育领域的教师还在专注于"修修补补"，而非让儿童马力全开地前行。更糟的是，他们的"修修补补"其实是画蛇添足，不仅对儿童无益，还伤害了儿童的自尊与自信，破坏了童年最宝贵的创造力。②儿童的深度学习可以通过优质的项目活动来实现。我把"深度学习"定义为六个方面：深度观察、深度参与、深度沟通、深度合作、深度探究和深度表征。

通往目的地的路常常不止一条，问题不在于哪条路最近或最便利，而是哪条路对旅行者——你和儿童而言最有深度学习的价值。例如，方老师班上的"小金鱼"主题活动开展了没几天，小金鱼就死了。下面的活动怎么办呢？是深度观察以了解金鱼的生活习性，还是与动物学家或同伴深度沟通，探讨有关死亡与生命的儿童哲学问题？抑或是进行一次深度表征，用一次特别的葬礼来纪念孩子们和金鱼之间短暂但难忘的友情？

虽然一次"森林旅行"到达了终点，但这个终点必将成为下一次旅行的起点。项目活动之旅就像一个随着时间推移而日益展开的传奇故事，曲折离奇、延绵不断。只要探究的勇气和好奇心不消失，这旅行就可以持续一生，让一间间教室里被点燃的学习之光照亮儿童的前行之路。在我国学前和小学教育阶段开展项目活动不是一时兴起，而是永恒的课题。

我的研究生张陈诗媛、贾钱玉、马诗宇、李乐和留学生 WeiJing Wang 参与

---

① 多尔. 后现代课程观[M]. 王红宇，译. 北京：教育科学出版社，2000.
② 钱雨. 教育全在细节中[M]. 北京：作家出版社，2021.

了本书的前期翻译工作，全书由我统稿、校阅。她们也参与了课题实验园的实践和研讨。当我问课题组成员这一年来开展项目活动的感受时，她们异口同声地对我说："开展项目活动很令人开心！孩子在快乐地学习，我们也一样！"

钱雨

2023年10月于上海

原著推荐序

在过去的20年里，项目活动被广泛地纳入幼儿园和小学的课程中。这本内容全面的著作，不仅介绍了项目活动百余年的发展史，还详细地解释和说明了在适合不同年龄段儿童的课程中实施项目活动的方法。

本书的内容是赫尔姆基于自己在世界各地培训教师如何在班级里开展项目活动的丰富经验撰写而成的。书中提供了丰富且翔实的案例，说明深入开展的项目活动如何吸引幼儿参与其中，并支持幼儿心智的重要成长。有关神经系统发育的最新研究指出，构建心智发展的坚实基础必须始于人生的前6年。本书自始至终清楚地表明了项目活动在这一构建过程中发挥着强大的作用。

本书第一部分为我们提供了扎实的理论知识基础，探讨了教育先驱们如何丰富我们对优质教学的理解。它结合约翰·杜威、列夫·维果茨基（Lev Vygotsky）以及杰罗姆·布鲁纳（Jerome Bruner）、克兰西·布莱尔（Clancy Blair）和霍华德·加德纳（Howard Gardner）等人的见解和研究进行了讨论。所有这些讨论有助于读者理解教育家们长期以来的不懈努力，即他们反对超前教育，认为应该将学业学习推迟到儿童在小学前期做好准备的时候。从本书分享的例子中我们可以看到，全身心投入项目活动中的幼儿在追求心智发展的过程中，会经常要求教师帮助他们运用基本的学业技能。

本书分享的项目活动案例也清楚地表明，家长、教师和关注学前教育的其他人士普遍地低估了幼儿的心智能力，即幼儿观察周围的事件和物体，预测在某些事件之后可能会发生什么事情或者在实地参观中可能会看到什么的能力。此外，很明显，在适当的条件下，提出问题并预测（假设）答案的意愿和能力，似乎是所有儿童与生俱来的（Katz，2012）。赫尔姆向我们展示了，这些重要的心智能力在幼儿深入地参与项目活动的过程中得以增强，而且为幼儿学会提问、寻找答案以及理解周围的重要事件等终身学习倾向奠定了基础。赫尔姆所分享的案例也清晰地表明，深度开展的项目活动还为幼儿发展、应用和强化重要的社交能力提供了情境，而这些能力可以让幼儿终身受用、获益匪浅。

值得注意的是，赫尔姆还强调了"项目活动中的深度学习"的概念。本书中，她所提供的案例和建议明确地指出了项目活动中的深度探究与幼儿园、小学课堂中常见的浅层主题活动之间的重要区别。

本书第二部分提供了详细的案例，向教师介绍了实施深度项目活动的策略。这一部分内容阐述了如何使用主题网络图规划和推动项目活动的进程。此外，它还描述了不同年龄段儿童开展项目活动的丰富案例，其中的案例图片可以让读者更加清晰地理解书中所提供的实操性建议。

赫尔姆还解决了幼儿教师的当务之急，即如何将国家的课程目标或标准融入项目活动。书中提供了许多有用的案例，阐述了如何将项目活动内容与托幼机构中教师要遵循的适合不同年龄段儿童的国家课程目标或标准联系起来。

总而言之，本书可以引领我们了解教育的一个重要而有用的组成部分——项目活动。它在美国已有一个多世纪的历史。现在，我们应该把它郑重地纳入幼儿园和小学的课程中。

丽莲·G. 凯兹（Lilian G. Katz）
美国幼儿教育协会前主席

目　录

导　论　开启项目活动中的深度学习 …………………………………… 1
　　什么是高质量的项目活动 ………………………………………… 2
　　如何深入开展项目活动：本书概览 ……………………………… 3
　　个人旅行 …………………………………………………………… 3

第一部分
项目活动的理论基础

第一章　项目活动与脑科学最新知识的关联 …………………………… 9
　　项目活动实践：参与有意义的学习 ……………………………… 10
　　教学艺术的科学依据 ……………………………………………… 13
　　心智、脑和教育科学教学指南 …………………………………… 19
　　儿童的智力 ………………………………………………………… 26
　　项目活动的基础 …………………………………………………… 32
第二章　通过项目活动中的深度学习支持儿童心智发展 ……………… 35
　　心理学的观点 ……………………………………………………… 35
　　教育学的观点 ……………………………………………………… 46
　　杜威的理论对项目活动的启发 …………………………………… 52
　　丽莲·凯兹对强化学习倾向的引领 ……………………………… 59
　　将理论联系实际 …………………………………………………… 60

第二部分
支持项目活动中深度学习的策略与方法

第三章 选择最佳主题 ·· 63
  主题的重要性 ·· 65
  准备阶段 ·· 69
  确定课程目标和标准 ·· 81
  主题选择中的常见问题 ·· 89

第四章 完善计划过程 ·· 93
  教师即计划者 ·· 93
  将课程标准和主题联系起来 ······································ 95
  创建和使用计划网络图 ·· 99
  制订项目活动的教学计划 ······································· 108

第五章 问题，问题，问题 ··· 111
  问题与"心智、脑和教育科学" ·································· 111
  激发儿童提问 ··· 116
  教师提出的问题 ··· 129
  最终问题 ··· 132

第六章 多元表征 ··· 133
  演绎想法 ··· 133
  蜘蛛项目活动：一个范例 ······································· 136
  鼓励表征的多样化 ··· 148

第七章 如何激发儿童的深度学习 ····································· 153
  小型激发物 ··· 154

大型激发物 …………………………………… 162
　　激发儿童深入思考的策略 ……………………… 176
　　路漫漫其修远兮 ………………………………… 177
附　　录 …………………………………………… 179
参考文献 …………………………………………… 199

导论 开启项目活动中的深度学习

这是一本关于项目活动的书。它介绍了项目活动如何点燃儿童的学习热情，激励儿童理解阅读和数学内容，并将儿童、教师和其他提供帮助的成人凝聚为一个学习共同体。这也是一本关于儿童快乐"旅行"的书，书中描绘了儿童在解决问题、开展研究以及对自身学习能力建立自信心的过程中所获得的愉悦体验。此外，本书还介绍了如何培养儿童的心智和大脑能力，以帮助儿童获得成功的学习经验、掌握教学内容以及发展自我调控能力。项目活动可以实现这一切。我在美国和其他国家的学校里已经见证了这一奇迹。

然而，项目活动并不能保证一定会给儿童带来丰富的、有意义的学习经验。就像其他学习活动一样，项目活动的质量参差不齐。许多教师对什么是项目活动和什么不是项目活动感到非常困惑。在《开启孩子的心灵世界——项目教学法》（*Engaging Children's Minds: The Project Approach*）一书中，凯兹和查德（Katz & Chard，1989，2000）定义了"项目"一词，具体如下所示。

> 我们用"项目"（project）一词指代对某一特定主题的深入研究，项目通常由全班儿童以小组的形式对其子主题开展研究，不过，有时也由班上的一组儿童开展，或者由个别儿童开展。项目的关键特征是：它是一项儿童为寻找问题的答案而开展的研究。这些问题是由儿童自己或他们与教师合作确定的，以及在研究过程中出现的。（p.2）

即使教师对项目活动的概念有清晰的了解，他们也可能纠结于如何将项目活动与特定的课程标准相结合。项目活动要符合美国《共同核心州立标准》

（Common Core State Standards，CCSS）[1]并根据官方课程指南为儿童提供必需的经验，这些都带来了额外的挑战。学习如何指导儿童的项目活动是一次旅行，而且通常是一次漫长的旅行。了解项目活动由哪些阶段或部分组成，如何使用网络图记录儿童知道些什么，以及儿童如何表征他们的学习，其实并不困难。对教师来说，挑战之处在于，如何帮助儿童将一个主题缩小为一次有意义的调查或探究，如何引导而非代替儿童进行表征，或者如何激发儿童进行更高水平的思考。我注意到，那些正在深入开展有意义的项目活动的教师有时会说，自己正在"致力于开展项目活动""越来越擅长指导儿童的项目活动"或者"开始掌握它的窍门"。关于项目活动，我们有很多东西需要学习。与参与项目活动的儿童一样，项目活动中的教师也是热切的学习者和深刻的思考者。

不熟悉项目活动的教师可以从《培养小小探索家——幼儿教育中的项目教学法》[2]（Helm & Katz, 2011）一书开启自己的旅行。对于具有一定的项目活动开展经验、想要深化项目活动的教师，我为你们撰写了本书。

什么是高质量的项目活动

高质量的项目活动，简称深度项目活动，是体现深度学习的项目活动。"深度"一词的定义包含了深度项目活动的愿景，比如：深入的见识和洞察力，强烈的情感或高品质。教室里的深度项目活动，能够使儿童体验心智洞察力和进行深度

---

[1] 为了改变全美各州课程、教学各成体系，彼此之间难以匹配协调的问题，美国州长协会最佳实践中心与州首席教育官员理事会于2010年颁布了《共同核心州立标准》，明确了学龄前至12年级学生在数学和英语语言艺术方面的学习目标，帮助学生为升学和就业做好准备。目前，全美已有40多个州的公立学校采用了这一课程标准。这一标准中的许多内容和我国的《3—6岁儿童学习与发展指南》的内容相一致。——译者注

[2] 《培养小小探索家——幼儿教育中的项目教学法》（Young Investigators: The Project Approach in the Early Years）一书的简体中文版已由中国轻工业出版社于2022年8月出版；后文简称《培养小小探索家》。——译者注

思考。深度项目活动与儿童的世界紧密相连,让儿童全情投入并保持浓厚的兴趣。深度项目活动是儿童对真实物品的多感官体验,是复杂知识的整合。深度项目活动激发儿童进行深入的思考和分析,综合新的想法,创造有意义的艺术作品或用其他形式进行表征。在深度项目活动中,教师是儿童的学习伙伴。深度项目活动激励儿童学习和实践学业技能,支持课程目标和课程标准的实现。深度项目活动,通常能够让儿童真实地探索成人所做的工作。

如何深入开展项目活动:本书概览

无论在哪次旅行中,我们都最好对自己想去何处有一个清晰的图景,并有一张旅行路线图。这将大有帮助。本书第一部分主要阐述了项目活动的理论基础,在班级中开展项目活动的教师将会从对该部分内容的了解中获益。其中,第一章将关于心智和脑科学的新知识与项目活动联系起来,并为所有的学习经验提供了一个指导方针列表。第二章着重阐述了心理学和教育学为项目活动提供的理论基础,并定义了什么是深度项目活动。第二部分探讨了深度项目活动的实施,并提供了促进儿童在项目活动中进行深度学习的具体策略和方法,包括:主题选择、项目计划、儿童提问、教师提问、表征想法以及创设激发物。最后的附录提供了具体的信息和工作表,有助于教师开展深度项目活动。

个 人 旅 行

本书也讲述了我自己的旅行,更确切地说,是一次次的旅行。它呈现了我在过去20年里给幼儿教师做咨询和培训的经验,包括:如何开展项目活动,如何记录项目活动,如何分享发生在课堂上的精彩活动,等等。它记录了在真实的教室里的真实教师。他们来自世界各地,从美国得克萨斯州的埃尔帕索市到加拿大的魁北克省,从美国的俄勒冈州到马萨诸塞州,从苏格兰到中国再到墨西哥。这些教师都在各自的旅行中学习如何教授儿童,如何点燃儿童心中的学习之火，哪怕他们照顾和教育这些孩子只有短短的一段时间。我从这些教师身上获益匪浅。当我从一所幼儿园走访到另一所幼儿园，从一所学校走访到另一所学校，从一名教师走访到另一名教师那里时，我会把从前者身上学到的知识分享给后者。我会把一名教师发现的有效策略作为一种可能性，传递给千里之外的另一名正在面临同样挑战的教师。我把优质的教学和那些激动人心的成果用双手"高高举起"，通过我的演讲、培训、文章和书籍分享给大家。

芝加哥科尔儿童博物馆赞助了一个致力于项目活动培训的项目——"早期儿童联结项目"。自2001年以来，我们已经培训了芝加哥公立学校[①]的1000多名教师和园长，向31000多名儿童及其家庭介绍了项目活动。通过收集培训实施前和实施后的数据，我们对培训过程进行了微调，并总结了教师在学习开展项目活动过程中遇到的诸多障碍。我们使用一个包括17项问题的李克特式观察量表来收集数据，它是基于《儿童早期学习环境评量表》(Early Childhood Environment Rating Scale, 简称ECERS; Harms, Clifford, & Cryer, 1998) 研制的，以确定参与者是否有能力将美国幼儿教育协会、伊利诺伊州教育委员会和芝加哥公立学校制定的课程目标和标准与项目活动相匹配。自2002年以来，这个量表就一直被用于"早期儿童联结项目"。2001—2006年，一项由186名教师参与的前后测准实验设计对干预组和对照组进行了比较，研究人员根据这些教师所教儿童的年级水平和所服务的人数对他们进行了匹配。前测组与后测组以及干预组与对照组之间的比较结果表明，"早期儿童联结项目"促使教师在对待项目活动的态度上发生了统计学上显著的、有实际意义的积极变化；同时，"早期儿童联结项目"也增加了幼儿教师在课堂上使用发展适宜性教学法和策略的频率（Perney, 2006）。在班级里开展的持续观察以及前后期调查问卷帮助我们微调了培训过程，并发现了教师在学习开展项目活动时遇到的许多绊脚石。2007年，芝加哥科尔儿童博物馆将该培训项目扩展至家庭托儿所和日托中心，同时

[①] 美国第三大学区，包括400多所小学、100多所高中和多个特许学校，注册登记的学生有40多万名。——译者注

博物馆继续每年评估一个小样本组，并对量表的准确性进行第三年的实地测试，这将使测量项目活动的实施水平成为可能。

为了确保本书和下一阶段的培训将教师真正想学的内容与他们在项目教学中的遗漏之处囊括进来，我们对富有经验的项目活动教师进行了一次问卷调查（Helm，2011）。"早期儿童联结项目"的参与者、伊利诺伊州项目小组的教师和其他成员，以及美国其他地区正在实施项目活动的机构都收到了深度项目活动在线调查问卷。超过 160 名参与者填写了调查问卷，其中 81% 的人指导过三个或更多的项目活动。填写调查问卷的教师表示，他们希望在以下方面得到帮助：识别能够引发儿童深入探究的问题，增强儿童的心智倾向，促进儿童进行高水平的提问，激励儿童参与项目活动，以及将技术手段融入儿童的项目活动。超过 46% 的参与者表示，他们在达成课程标准方面需要帮助。令人鼓舞的是，68% 的参与者表示，他们阅读过关于项目活动的书籍，这就是我撰写本书的动机。

现在，让我们开始新的旅行吧！

第一部分

项目活动的理论基础

第一章　项目活动与脑科学最新知识的关联

　　米歇尔老师所在的小班教室里一片繁忙热闹的景象，孩子们正专心致志地参与着各种各样的活动。今天上午，大多数儿童的注意力似乎被"种子商店"项目吸引了。教室门口旁边的布告板也是一面"文字墙"，上面写着"果仁""种皮""发芽"等词语，并用孩子们的绘画作品作为辅助说明。娃娃家被孩子们改造成一个种子商店，他们把建构区的空心积木作为种子箱，同时制作了其他设施和标识。他们还建造了一台大型机器，并通过它将种子混合和分装到销售袋中。一些孩子在美工桌旁用水彩画画。虽然他们想画什么都可以，但大部分的作品都与花、种子和植物有关。教室的窗台上摆放了一排透明的塑料杯，里面是破土而出的幼苗。图书角里陈列着关于种子、花卉和种植的书籍，以及包含大自然和花卉照片的图书。在教室中央的一个画架上，有一张今天早上集体活动时间制作的网络图，上面罗列着孩子们有关种子的先验知识。种子商店的种子售卖生意兴隆，孩子们进进出出、络绎不绝地开展着不同的活动。

　　然而，有张桌子吸引了一组孩子的注意力。在长达45分钟的时间里，他们探索了用圆形秤称种子的过程，他们被圆形秤和不同的种子迷住了。另外几个儿童过来加入了探索队伍。一个名叫诺兰的孩子开始往秤上倒葵花籽。米歇尔老师问他是否注意到了秤上的红色指针，以及当他把种子倒在秤上时，秤上的红色指针是否发生了变化。孩子们注意到了指针，发现它在动。米歇尔老师说："我真的很好奇，它是怎么移动的？""我想知道你们能不能让指针一直移动到这里。"她指着刻度的终点说。这一问题引发了许多讨论、假设和实验。诺兰认为，如果他们将秤竖起来向一侧倾斜，指针就有可能移动。孩子们试了试，发现它没动。然后他们想，如果大家都走开，让指针单独待一会儿，指针就有可能动。米歇尔老师建议他们用记号笔在指针所指的位置做个记号，这样他们回来时就知道指针是否移动了。他们在秤上做了标记，然后全部离开桌子。几分钟后，诺兰说："该回去了。"看来，他现在是探究小分队的队长。当孩子们回到桌子旁时，他们发现指针一动不动地待在原来的位置，还是老样子。

　　随后，米歇尔老师总结了他们的工作并挑战他们的思维，说："把它斜着放不管用，大家走开了也没用。我想知道你们还能尝试些什么。"于是，孩子们试着用玉米粒代替葵花籽，把它们放在秤上。这下，指针从标记好的位置移向一侧，孩子们见状欢呼雀跃起来。接着，米歇尔老师鼓励他们尝试所有不同种类的种子，看看秤上的指针会发生什么变化。孩子们注意到，当他们在秤上放不同种类的种子时，秤上的指针位置会改变。接着，另一个孩子有了一个想法，他开始把种子一起放在秤上，让指针移动得更多。在他们试验了一段时间后，米歇尔老师问他们："为什么不同的种子会让指针移到不同的位置呢？"诺兰回答："种子越大，指针移动得越多。"米歇尔老师让他们两手各拿一个装着不同种子的杯子（杯子里种子堆积的高度相近）进行对比。孩子们能够分辨出，尽管一些杯子里面的种子体积更小，但是它们更重。当米歇尔老师进一步询问孩子们时，他们得出结论："导致指针发生变化的可能不是单个种子的大小，而是种子本身的重量。"玉米粒比葵花籽重，而秤测量的是物体的重量，所以秤上的指针移动了。他们对自己得出的结论很满意，于是离开桌子去做其他有趣的事情了。诺兰一边把椅子从桌子旁拉开，一边说："老师，我累了。这工作真是不容易啊！"

项目活动实践：参与有意义的学习

　　在种子商店项目中，米歇尔老师的班级展现了一个典型的幼儿园课堂面貌，充满了丰富的、发人深省的项目活动。教室里有大量的材料和物品，儿童动手操作和亲身体验活动，并用丰富多彩的方式表征自己所学到的东西。展示物和档案记录提供了证据，表明儿童与种子商店的工作人员有过互动（见照片1.1—1.3）。

照片 1.1
儿童实地参观种子商店，观摩商店里的拌种机

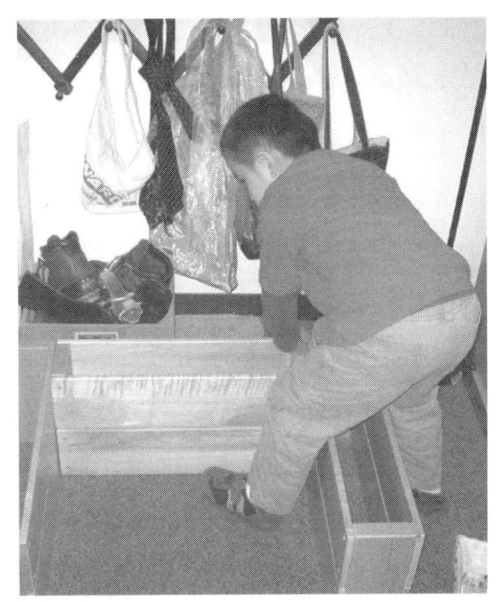

照片 1.2
儿童认为，使用大型空心积木建造种子商店或许是一个好主意

照片 1.3
为了和种子商店里的拌种机一致，儿童把他们建造好的拌种机涂成了红色

通常，在开展项目活动的班级里，并非每个儿童都在同一时间参与项目活动或做相同类型的工作。儿童还可以参与其他与项目主题无关的学习活动：有的儿童在画架上画画，有的儿童在倾听角听故事，还有的儿童在玩拼图。项目活动与其他具有发展适宜性的活动同时进行。然而，那天早上，大多数儿童的活动内容都以这样或那样的方式回到他们对种子的兴趣上，或者更确切地说，回到对种子商店的兴趣上。他们不仅兴致勃勃地了解这个主题，还亲自创设了游戏环境（种子商店），并在其中津津有味地持续玩了好几天。之后几周，儿童继续围绕种子主题进行绘画、涂色和实验活动。

在参观米歇尔老师的班级时，参观者评论说，孩子们在活动中表现得非常专注和有目的性。他们完全沉浸于自己手头的事情，在教室的各个区域间自由穿梭，无须教师指导。参观者原本以为这样的教室一定是吵吵闹闹、非常嘈杂的，但让他们惊讶的是，米歇尔老师的教室里安安静静。其中一个原因可能是孩子们正在思考一些对他们来说非常有趣的事情。这是一个儿童积极参与，同时教师知道如何激发儿童的参与性的班级。

本书的重点是如何创建和维持一个类似米歇尔老师的课堂那样的环境，让发人深省且能吸引儿童积极体验的学习活动不断发生。许多教师在阅读有关米歇尔老师的课堂的资料时，可能会感觉这些活动和学习体验对自己来说并不陌生。在职业生涯中，大多数幼儿教师会在教室的窗台上栽种植物，让儿童画花，或者在阅读角摆放关于植物的图书。然而，对种子商店的探索实际上是一项由儿童发起的探究活动，也是一个由儿童主导的项目活动。米歇尔老师遵循了项目活动的结构，这意味着它是一个由儿童的问题和好奇心主导的探究活动，也是一个属于儿童的探究活动。关于这一点，我们通过查看计划网络图（包含了儿童提出的问题）、儿童的作品表征、儿童与成人的互动以及最重要的——儿童的积极主动参与就再明白不过了。这种参与感鼓舞诺兰和同伴花了45分钟试图解决一个问题，努力地思考并坚持找到答案。诺兰不需要别人告诉他做得很棒或者表现得很出色。他认识到自己和朋友们都很努力，并有所收获。教师经常问：他们应该如何实施这样的教学？具体来说，就是如何才能在开展项目活动的过程中引发丰富、深入且有意义的探究，从而既能吸引儿童参与其中，又能实现课程目标，达成《共同核心州立标准》。教师想要培养儿童具备终身学习所需的心智能力和倾向。

教学艺术的科学依据

关于儿童需要为 21 世纪做好哪些准备，当前存在很多不同的见解（Gardner，1999；Rotherham & Willingham，2009）。加德纳提示说，我们需要从全球化角度考虑这个问题，因为我们的儿童将面对一个快节奏且不断变化的世界，并正在成为这个世界的公民（Gardner，2008）。当现在还在幼儿园和小学低年级就读的儿童长大成人时，他们将面临我们所无法预料的挑战和机遇。除了重要的读写和计算能力外，他们还必须善于解决问题、灵活思考和成为热情的学习者，因为他们要面对快速更迭的技术、全球化的就业市场以及不断增长的世界人口给环境带来的挑战。

面对这些预期的变化，教育改革势在必行。这促使我们更密切地监测儿童正在学习什么，包括进行详细的评估和基准测试，以确保儿童获得一定的学业技能。这一行动体现在多个方面，其中最突出的一个是美国《共同核心州立标准》，它由美国州长协会最佳实践中心与州首席教育官员理事会于 2010 年颁布。美国《共同核心州立标准》是各州自愿采用的标准，该标准旨在为每个从学龄前到 12 年级的儿童在数学和英语语言艺术方面应该知道什么和能够做什么建立明确、一致的指导方针。一些研究人员担心，这一标准导致了课程的狭隘化——只关注容易测量的学业技能（Au，2007；Jennings & Rentner，2006；Morton & Dalton，2007）。然而，这一课程标准可以指导教师了解应该将哪些课程内容融入项目活动。

21 世纪的学习

尽管学业技能是儿童获得成功的关键，但在 21 世纪这个瞬息万变的世界里，它们不足以应对一切。儿童还需要发展心智和大脑能力，成为持续、热情的学习者，拥有独立和自主解决问题的能力，成长为具有强烈的解决问题意愿、能够创造性地思考、坚持不懈和乐于合作的人。加德纳（2008）认为，儿童要具有学科、整合、创造、尊重和伦理道德的心智。类似种子商店项目中的丰富的学习经验（比如，当儿童浏览有关种子的信息与价格时，他们意识到阅读、书写和使用数字的重要性；当他们与种子商店的工作人员分享感兴趣的事物时，他们学习与成人进行有意义的对话以及寻找问题的答案）可以将知识和技能整合起来，不仅可以使儿童了解和学习这些技能，而且提供了实践这些技能的机会。当儿童高度参与探究活动时，学业学习将变得富有意义、激动人心，同时儿童将踏上一条发展探究性心智、致力于终身学习和用心智充实人生的道路。这并不是说学业学习不重要，而是说要让儿童为未来做好准备，仅仅有学业学习是不够的。罗瑟拉姆和威林哈姆（Rotherham & Willingham，2009，p.16）指出：

> 争论的焦点不是知识和技能哪个更重要。在确保儿童在学校学会如何思考方面，睿智的人不会反对这一点。相反，问题在于教师如何以丰富多样的方式传授知识和技能，最终真正提高儿童的学习成绩。

作为一名幼儿教师、师资培训人员、管理人员以及顾问，我的整个职业生涯都在学习如何为更多的儿童打造这种课堂。不幸的是，许多幼儿并不能像米歇尔老师班级中的孩子那样获得这样的教育体验。一些幼儿园和小学低年级的课堂不具有发展适宜性，无法激发儿童的学习热情；甚至可以说，一些课堂如同人类思想的荒漠，平淡无奇，无法有效地让儿童为未来的学业成功做好准备，也无法有效地让他们学习21世纪所需的技能。我开始考虑，应该把种子商店项目这样的教育活动提供给所有儿童，这是一个关系教育公平的问题。那些在学业学习上存在困难以及面临诸如贫困、需要学习第二语言或满足自己的特殊需要等挑战的儿童似乎处于一种糟糕的早期教育环境中，而这种环境越来越倾向于让儿童死记硬背知识，强调机械训练和练习。最终的结果是，那些儿童原本可以从丰富而吸引人的幼儿园和小学学习经历中获益最多，现在却被安置在具有说教性的教室里。一些倡导儿童学习21世纪技能的机构或组织，如乔治·卢卡斯基金会（George Lucas Foundation），主张将项目活动作为让儿童为 21 世纪做好准备的核心策略。为了实现这一目标，教育工作者需要更新自己对儿童实际学习方式的认识。

从大脑开始

技术已经改变了我们对大脑如何学习和智力如何发展的理解，使我们能够透过颅骨"观看"大脑的活动。在这之前，对于儿童的小脑袋瓜里到底发生了什么，我们只能基于儿童的言行进行推理和猜测。如果一个儿童一开始不会数数，后来会数了，那么我们的结论是，这个儿童的小脑袋瓜里一定发生了一些事情才引发了这种变化。教育理论和许多关于如何教育儿童的建议，都建立在对儿童的观察和推测的基础上。没有人真正知道，儿童的脑袋瓜里到底发生了什么。

在 20 世纪末，我们开始通过扫描技术和精密的监测设备一窥学习是如何发生的，这些设备还可以捕捉儿童的心率、呼吸变化，甚至婴儿吮吸奶嘴的频率。在 20 世纪 70 年代早期，计算机轴向断层扫描（computerized axial tomography，简称 CAT 扫描，后来又被称为 CT 扫描）能够让我们更准确地观察大脑的结构。在 20 世纪 80 年代，磁共振成像（magnetic resonance imaging，简称 MRI）提供了有关大脑的二维和三维高清图像。20 世纪 90 年代，功能性磁共振成像（functional magnetic resonance imaging，简称 fMRI）捕捉到大脑中的血液流动，让我们终于能够看到神经活动的具象。

随着神经成像技术变得越来越成熟，那些研究学习过程的人急切地"拥抱"神经科学的新发现，并将这些发现直接应用到教学中。不幸的是，其中一些应用被证明是"跨度太大的桥梁"，并最终被发现不具有科学上的合理性（Tokuhama-Espinosa，2010）。我列出了其中一些错误认识（黑体部分），紧随其后的是我们现在所确切知道的，如下所示。

- **听莫扎特的音乐会让你更聪明。** 考试成绩的提高只是短期的。
- **大脑就像一台内存有限的计算机。** 大脑用得越多，发育得越快；它知道得越多（神经连接越多），学习的能力越强。
- **3 岁时大脑的发育就结束了。** 大脑实际上是"可塑的"，这意味着它可以改变自己的线路（Zull，2011），并能够建立新的连接。关键期或不可逆期的说法不适用于儿童的认知思维发展。儿童成长中的某些时期被称为敏感期，儿童在这一时期学习一些知识或技能会更容易，但这种差异性可能被高估了。

- **人不是"左利脑"就是"右利脑"**。人们认为，大脑两个半球的学习内容不同，而教师在实践中忽视了大脑的"右半球"。这一观点并没有得到神经科学的支撑。所有复杂的认知过程都是整合性的，涉及广泛的神经网络。

对这些"见解"的大肆宣传和随之而来的质疑，让教育者们警惕起来。将神经科学家的研究成果有效地应用于课堂实践，对教育者来说没那么容易。同样，神经科学家们也很难理解教学的世界并就如何应用神经科学研究成果给出有效的建议。然而，应用神经科学研究成果并真正有效地指导教育实践具有巨大的潜力，教育神经科学研究的第一缕曙光充满了希望（Fischer & Immordino-Yang，2008）。许多儿童在学校苦苦挣扎且有可能在离开学校时无法获得成功生活所需要的技能，而教师明明可以利用神经科学家的研究成果来帮助一些儿童却忽视了，这将是多么可悲的事情。当神经科学家发现他们的研究成果没能影响到教育者时，他们同样很沮丧。

如何将认知神经科学应用到教育领域？在这方面，很少有人进行清晰、合理的诠释。当我们诠释有关儿童如何学习的知识时，我们需要将其与教师的工作关联起来。教育政策的制定者和学校的管理者关注的是教育的外部结构，如课程标准、数据分析、课程安排、学校治理和绩效责任等，而对学习者自身的关注较少。（Hardiman & Denckla，2010，"Obstacles to Uniting Science and Education"，para. 2）

心智、脑和教育科学

避免"桥梁跨度太大"是一回事，但解决之道绝不是放弃"建造桥梁"。自2000年以来，越来越多的人开始重建这些"桥梁"，将经由科学证实的教学艺术概念化；这也许是一场基于生物学的革命（Fischer & Immordino-Yang，2008）。许多来自生物学、教育学和认知发展科学领域的研究人员已经开始合作。

当我们开始审视这次合作的结果时，先对一些术语进行澄清非常有帮助。

- **脑**是被颅骨包裹的神经系统的一部分，负责协调感觉输入、运动反应和学习过程。
- **神经科学**是生命科学的分支，研究生理机制、脑、神经系统，以及它们与行为和学习的关系。
- **心智**一词通常被用来描述有意识的心理事件，如情感、感知、思考、意志，尤其是推理。
- **教育**是指传授一般的知识和技能，帮助个体发展推理和判断能力，并为个体自己或他人的未来生活做好智力上的准备。

人们将以上这些作为独立的学科进行研究，如神经科学、心理学、教育学，也将它们以不同的方式组合起来进行研究，如教育神经科学。

2004年，国际心智、脑和教育协会成立，以有效地弥合这些学科之间的差距（Dawson & Fischer，1994；Fischer，2009；Fischer et al.，2007）。它的目标是为科学家、教师、公共政策制定者和社会大众开发资源，创建和识别有用的信息、研究方向及前景光明的教育实践。2008年，哈佛大学教授托库马－埃斯皮诺萨（Tokuhama-Espinosa）推动了一项研究，为心智、脑和教育科学这种新的协作式科学定义了标准，并将神话与事实区分开。这一研究工作通过召集不同领域的专家聚在一起就神经科学研究在教学中的适用性问题达成共识，支持了专家们的互动和共同反思。该研究利用"扎根理论"的发展来确定这个新领域的参数，并对过去30年的2200多份文献进行了元分析。随后，来自六个国家的20名国际专家参与了德尔菲调查——一个为达成共识而进行的质性研究过程。他们经过几个月的反思，进一步完善了这个新领域的内容。另外，8名专家进一步审议了这些发现。最后，他们将修正后的模型与现有的信息源进行比较，这些信息源包括大众媒体、同行评议期刊、学术出版物、教师培训教材和互联网。

研究结果形成了一个新领域的标准,这一领域现在被称为心智、脑和教育(也被称为心智、脑和教育科学)。

此外,参与德尔菲调查的专家小组重点关注了这一新领域的目标、历史、思想领袖和用于判断信息质量的模型。最终,该研究建立了"心智、脑和教育科学"这一新学科的模型,并提出了12个应对个人学习问题的信条、21个适用于所有学习者的学习原则以及10个教学指南,所有这些都得到了文献分析和德尔菲调查结果的支持(Tokuhama-Espinosa,2010)。

专家小组将文献综述中关于大脑和学习的信息分为以下四类:

- 公认的内容
- 可能是这样的内容
- 明智的猜测
- 流行的误解或神话

除了是专家小组的一致意见外,这些分类还受到"最佳证据百科全书"(Best Evidence Encyclopedia)和"有效教育策略资料中心"(What Works Clearinghouse)所提标准的影响。这些研究为教师提供了一个有效且适用的神经科学基础。在以上四类信息中,"公认的内容"和"可能是这样的内容"适用于教学(详见附录A)。我将这些信息简单地概括为从幼儿园到小学低年级儿童课堂学习的愿景。

每个儿童的心智和大脑能力都是独一无二的,儿童的经历和这些经历发生时的背景塑造了它们。儿童天生就会寻找意义,这为他们提供了学习新事物的动力。当学习活动从儿童已经知道的内容开始并将儿童的情感积极地卷入其中时,儿童学得最好。当儿童主动建构自己的知识而非简单地记住别人学过的东西时,他们更有可能获得动力去参与学习活动。学习经验的组织和呈现方式可以增强儿童的记忆力。当学习经验有助于儿童发展自我调节能力(通过执行功能监控自己;见第二章)时,它们就能帮助儿童掌握更高阶的思维技能。

心智、脑和教育科学教学指南

从单个概念出发，专家小组还商定了一套具体的教学指南（Tokuhama-Espinosa，2010，pp.114–124）。这套指南适用于所有年龄段的儿童，对于教师审视教学策略和方法特别有帮助。我们将其总结如下，并在表 1.1 中进行了阐述。

1. 学习环境。创设"身心安全、相互尊重、心智自由、自我调节、有序挑战、积极反馈和主动学习"的环境。（p.114）

2. 意义。"试着将课堂上所教的东西与它们在儿童生活中的应用联系起来。"（p.116）

3. 记忆。"理解记忆的复杂性，并了解记忆和学习之间的重要联系。"让你的课堂活动多样化，以"利用不同的记忆系统"。（p.117）

4. 注意力持续时间。"理解儿童的注意力持续时间的有限性，注意力持续时间因个人、学科和活动而异。"避免"消极被动的活动，这很容易让儿童感到无聊"。选择使用有效的方法和策略来传递信息，以吸引学习者参与其中，并使其获得新知识的机会最大化。（p.119）

5. 学习的社会性。"理解学习通常发生在社会情境（如教室）中……（而且）通常可以通过社会互动得到增强。"组织教学活动，鼓励社会性交流。（pp.119–120）

6. 身心联系。理解"身体影响心理，心理控制身体"的方式。建立有关"营养、睡眠和运动对学习的影响方式"的背景知识。（p.120）

7. 精心安排，使儿童沉浸其中。意识到，教室里的学生"类型不同，他们大脑里的信息因过往经历的不同而不同，对于接受新信息的方式也有着不同的偏好……把这些差异看作一个机会"，而不是一个问题。创造将学习者的优势和技能整合起来的互动机会"（p.121），以使所有人的经验最大化。

8. 主动的过程。"要想学习，学习者就需要参与进来。"这种参与通常是主

动的(尽管反思过程也很重要)。"知道何时及如何将主动的学习经验融入"课堂活动,以"提升儿童的学习潜力"。(p.122)

9. 元认知。"为儿童提供反思的时间……'思考自己的想法'"提升了"儿童总体上对新知识进行概念性理解的水平"。"将刺激元认知的活动纳入课堂。"(p.122)

10. 终身学习。理解"人类大脑具有高度的可塑性,并在一生中不断发展……人类的学习是通过一系列发展过程实现的,大多数技能的习得都遵循一个普遍的模式,包括教育文化中所共享的学业技能,如阅读、写作、数学……在人类大脑发展的过程中存在'敏感期'(不是关键期),人类在这个时期比在其他时候更容易掌握某些技能……利用这个事实并根据学习者的特点在适当的时间教授技能……要明白,学习的窗口期比之前想象的要长"。(p.123)

表 1.1 心智、脑和教育科学教学指南与项目活动

教学指南	教学启示	教学指南在项目活动中的体现
教学指南1:学习环境	"好的学习环境是创设出来的,而不是一开始就存在的。" 教师做示范并要求儿童在相互尊重的基础上进行交流。 学习经验始于"评估儿童已经知道什么"。 教师对"儿童需要为学习做什么准备"有清晰的认知。 "学习活动以儿童为中心且是动态的。"(p.115)	在选择主题的时候,小组成员、全班儿童以及教师与儿童之间会定期进行对话:儿童讨论他们所知道的关于主题的内容,然后提出问题进行下一步的探究。 教师通过预测探究活动中儿童的需求以及儿童学习和实践学业技能的机会,计划将外部规定的课程和标准整合起来。儿童通过绘画、写作、演示、制作模型和创设游戏环境来表征他们学到的东西。

(续表)

教学指南	教学启示	教学指南在项目活动中的体现
教学指南2：意义	教师"将课堂上所教的东西与它们在儿童生活中的应用联系起来"。 教师知道儿童的需求。 "事实和技能植根于真实的体验（自然的情境）。" 教师欣赏儿童"基于自身文化构建的神经网络（知识）"。（p.116）	项目主题的选择基于儿童的生活和兴趣。 在预先计划阶段，教师将预测在主题开展过程中儿童的知识和技能学习会在哪个时候自然而然地发生。例如，在一个关于鞋子的项目活动中，教师预测儿童在研究鞋码和价格时会自然地进行数字认知。教师根据儿童对鞋子的兴趣和参与度来评估儿童的数字知识，并进行数字的教学。
教学指南3：记忆	教师"了解记忆和学习之间的重要联系"。 "教学模式应利用大脑中不同的感觉通道。"教师"以听觉、视觉和动觉相结合的方式来教学……以提升儿童提取记忆（回忆）的概率"。 学习体验可以利用以下三种形式的长时记忆： ◆联想记忆——"将旧知识与新信息联系起来" ◆"情感上重要的或承载价值的记忆"——"儿童看重的东西" ◆具有生存价值的记忆——"儿童学习有助于其生存的事物" 对经历的回忆，有助于儿童"围绕如何存储和检索重要的信息来培养一种'思维习惯'"。（p.117）	项目活动的开展过程能使儿童最大限度地记忆信息。在探究时，儿童： ◆做笔记、拍照、画画、制作模型、设计和使用游戏环境、演示、整理材料，等等 ◆以小组或集体形式采访专家，阅读书籍，观看视频和照片，讨论自己的理论以及如何表征自己所学的东西 ◆利用三种形式的长时记忆 ⊙通过回忆和分享他们对于这个主题的已有认知来开启这个项目 ⊙研究与他们相关且他们高度感兴趣的主题 ⊙学习和使用学业技能，因为儿童需要使用它们来完成自己的工作（例如：为了知道盖房子时需要预留多少扇窗户，他们需要学习计数；为了从专家那里得到答案，他们需要学会提问） ◆讨论他们的发现，回顾每天的进程和目标

（续表）

教学指南	教学启示	教学指南在项目活动中的体现
教学指南4：注意力持续时间	注意力持续时间"因个人、学科和活动而异"。 教师应该： ◆ "将儿童被动参与的活动最小化" ◆ 吸引学习者参与学习，并让他们最大限度地拥有获得新知识的机会 ◆ 至少每隔20分钟就改变儿童的学习经历，包括与不同的人（如教师和学生）、在不同的地点（更换座位）探究不同的话题 儿童反思和总结新信息，以最大限度地巩固记忆。 教师使用首因效应和近因效应原则。儿童"记得最清楚的是发生在最前面的事情，其次是发生在最后面的事情，最不记得的是中间发生的事情"。（pp.118–119）	项目活动是儿童的主动学习形式。项目活动过程需要教师为儿童提供有趣的体验，比如，实地参观，与项目主题方面的专家互动，探究真实的物品，等等。在项目活动开展过程中，儿童会定期（通常是每天）与小组成员回顾和分享他们的发现。教师需要用照片和笔记记录儿童的行为，并稍后与儿童分享以进行反思。儿童也可以拍照并讨论他们观察到的事物。
教学指南5：学习的社会性	"学习通常发生在社会情境中"，并"可以通过社会互动得到增强，比如，当儿童进行小组工作或讨论时"。 教学活动应该"鼓励儿童积极地交流观点和信息"。 鼓励儿童辩论，这有助于他们进行"批判性思考和相互交流"，并"准备好应对相反的观点"。 小组工作"需要一些儿童进行合作和互动"。组织活动，以"鼓励儿童最大限度地参与其中，从而让儿童在此过程中构建自己的学习"。（pp.119–120）	幼儿园中的项目活动往往以小组的形式开展。不同小组的儿童可能会关注一个项目主题的某个特定方面，如卡车的轮子。教师和儿童把他们知道的和学过的知识列在网络图和清单上，儿童在决定接下来的步骤时会不断地回顾这些内容。儿童制订计划来表征他们学到的内容。他们可能制作模型，创设游戏环境，创编游戏或进行演示。儿童与小组成员讨论做什么和如何做，在此过程中分享、记录和回顾自己的理论和计划。

（续表）

教学指南	教学启示	教学指南在项目活动中的体现
教学指南6：身心联系	教师向儿童教授有关营养、睡眠和运动的知识。 教师认识到，"当儿童的身体需求得到满足时，他们的大脑学得最好"。（p.120）	项目活动让教师有机会整合有关身体需求的知识（例如：与健康设施有关的主题；与食品供应有关的主题；与运动和爱好有关的主题）。因为项目活动是围绕儿童非常感兴趣的主题展开的，所以儿童很容易学习和记忆在探究过程中习得的知识与技能。 教室里的项目活动通常有灵活的工作时间安排，以便教师能够根据儿童的个人注意力和活动水平做出回应。
教学指南7：精心安排，使儿童沉浸其中	教师创造互动的机会，将学习者的优势和技能整合起来，以使所有人的经验最大化。教师的角色"类似一个管弦乐队的指挥，通过一个接一个地号召每个人发出自己的声音并将它们融入整个课堂活动，让儿童沉浸在复杂的活动中进行学习"。 "为了使整个乐队的演出效果最佳，教师会整合儿童的不同天赋，帮助每个乐手演奏出最高的水平。"这意味着教师要留意儿童在课堂上给出的所有线索。"（p.121）	项目活动涉及许多不同种类的活动，所以每个儿童都有许多机会为项目活动做出贡献，并专注于最感兴趣的方面。每个儿童在这个项目活动中都占有一席之地。 教师的作用是通过管理课堂以及提供资源和专家，使项目活动的复杂过程得以发生。 在整个项目活动开展过程中，教师会进行记录和评估，以便每个儿童都能根据自己的发展需要和技能水平学习知识和技能。 教师预先规划在项目活动中可能真实出现的概念和技能，这样就不会让儿童错过学习它们的机会。预先规划还应包含考虑教室里所有儿童的特殊需要和能力。

（续表）

教学指南	教学启示	教学指南在项目活动中的体现
教学指南8：主动的过程	教师必须把主动学习和反思活动结合起来，以提高儿童的学习潜力。 促使儿童主动学习的教室具有以下特点： ◆儿童不仅仅是被动倾听 ◆提供使用高阶思维技能的机会 ◆较少强调知识的传递，更多地强调技能的发展 ◆鼓励儿童探索态度和价值观 ◆教师会即时给予反馈（Bonwell & Eison，1991） 教师应该"设计有意义的学习活动，要求儿童运用自己的知识。这意味着教师不仅要帮助儿童获得知识，还要向儿童展示如何将知识转化为行动，从而培养儿童的技能"。（p.122）	在项目活动中，即使儿童正在听专家介绍项目主题或听教师阅读与项目主题相关的读物，他们也是在进行主动的学习。因为他们是带着特定的知识目标进行探究的，所以他们正在积极地倾听和寻找特定的信息。当儿童提出探究的问题、分析数据和发现，并假设专家可能会告诉他们什么或者探究过程可能如何开展时，他们的高阶思维技能就会得到发展。儿童思考他们学到的内容，谈论它，并以小组的形式规划如何表征他们在项目活动中的所学。项目活动包含大量的问题解决机会，其中一些发生在儿童试图弄清楚某一探究过程时。对于年龄较小的儿童来说，当他们通过绘画或建构活动进行表征的时候，他们就会遇到大量需要解决的问题。
教学指南9：元认知	活动刺激元认知，为儿童提供反思和"思考自己的想法"的时间。 给予儿童时间来反思和"琢磨新信息……以最大限度地巩固记忆"。 教师"在课堂上留出时间以引导儿童进行元认知，并布置需要元认知技能的作业"。在一天或一堂课结束的时候，激励儿童进行反思或者针对课堂内容对儿童提问，有助于培养儿童"乐于反思的思维习惯"。（p.122）	项目活动的开展过程要求儿童思考他们对一个主题知道什么，以及他们想学什么。在项目活动开始时，儿童和教师一起完成的网络图记录了他们对该主题的初步认知。在整个项目活动开展过程中再次浏览网络图，有助于儿童关注他们在探究中学到了什么，以及他们可能还想学什么。在项目活动结束时重新创建一张网络图，可以让他们反思自己学到了什么和学了多少。在小组和集体讨论时间，回顾项目活动的进展，有助于儿童进行不断的反思。

（续表）

教学指南	教学启示	教学指南在项目活动中的体现
教学指南10：终身学习	"根据学习者的特点，在适当的时间"教授技能。 "与儿童的年龄发展相适宜的活动应该是里程碑和基准，而不是障碍。" 不要给没有达到发展里程碑的儿童贴标签。 "一定要让儿童明白，只要努力，就可以取得进步；儿童愿意做得更好是进步的关键。"（pp.123—124）	在项目活动中，儿童可以运用自己当前的技能参与其中，但是因为探究活动和事物表征的开放性特点，他们不断挑战并超越发展的里程碑。一个3岁的儿童经常为自己的建构作品做标志，这是一个激励他学习和书写文字的过程。儿童在项目活动中扮演成人的某些角色，比如，扮演服务员为顾客点比萨，或者扮演房地产经纪人与想买房子的顾客面谈。为了进行记录，儿童需要学写多个数字。在项目活动中，儿童经常尝试一些有难度的任务，比如，设计一辆可以让他们坐进去并假装驾驶的小汽车。一个常见的现象是，在最初的尝试失败后，他们必须找出问题出在哪里，并想到另一种解决方法。

注：摘自 *The New Science of Teaching and Learning: Using the Best of Mind, Brain, and Education Science in the Classroom,* by T.Tokuhama-Espinosa, 2010, pp. 114–124.

这些指南得到了神经科学家、心理学家和教育学家的一致认同，为未来的教育指明了方向。如果项目活动是你所在班级教育实践的一部分，那么你很可能已经意识到，项目活动提供了与这些指南相一致的学习经验。事实上，这些教学指南为人们检验项目活动的有效性提供了一个结构。表1.1中的分析显示了这些教学指南是如何在项目活动中得到体现的，以及它们如何与我们现在已知的教与学的科学相一致。当我们在本书中研究指导项目活动的过程时，我们将经常回顾这些教学指南，因为它们为促进项目活动的深入开展和有效性提供了一个框架。

儿童的智力

20世纪40年代,我出生在美国伊利诺伊州中部,我的父母认为儿童的智力与生俱来、一成不变。一个孩子生来可能就很聪明、资质一般或者不太机灵。父母的职责就是不管孩子的潜力有多大,都要接纳并无条件地爱他。在我童年时代的学校里,儿童很快就会被分成若干阅读小组,在那里他们会得到与自己的潜力相匹配的指导。在当时关于先天[基因(genes),简称G]与后天[环境(environment),简称E]的争论中,认同先天因素起决定作用的观点占据上风。当我们开始理解环境(如互动、健康和刺激)如何影响儿童的学习能力,以及环境如何抑制儿童的学习时,"先天+后天"(G+E)成为公认的范式。今天,通过神经科学和遗传学的研究,我们开始了解到一种新的范式(Shenk,2010),它基于这样的认识:基因确实很重要,但事实上,环境可以塑造基因。最终,"我们每个人都是一个动态系统,是发展的产物"(p.20)。基因实际上可以由经历塑造。"我们的特征不是完全遗传自我们的基因,而是通过基因和环境相互作用的动态过程形成的"(p.21)。环境可以影响基因的表达,实际上可以在物理特性上改变基因。更准确地表示这种相互作用模型的范式是"基因 × 环境"(G×E),它是"一个动态的过程,每一层级水平的每次输入都会影响其他输入"(p.29)。一个有机体在出生后可以通过许多不同的方式发展,而这个有机体的发展方式是由它在生命中的种种经历决定的。这一理论也适用于思维和智力的发展,适用于认知力、理解力以及理性和逻辑思维能力的发展。正如申克(Shenk,2010)所说:

智力不是一种天赋,不是在母亲受孕时或在母亲的子宫里时就被固定下来的,而是在基因和环境的相互作用下发展的一系列技能。人们的智力不是生来就预设好的。智力(和智商分数)可以得到提高。很少有成人能真正完全发挥出自身的智力潜能。(p.32)

尽管这一互动理论背后的大部分科学在20世纪后半叶已经出现，但"智力是由基因永久决定的"的传统信念依然在影响我们对待儿童和学习的方式。我们仍然可以听到许多教师、父母、祖父母甚至像我100岁的父亲这样的曾祖父母说："你有一个聪明的孩子！"我们现在认识到，把智力看作一种固定特征可能是错的。来自神经科学领域的一个有效启示是，大脑和思维能力是由经验塑造的（Zull，2002）。当然，在塑造过程中会有一些限制，但总的来说儿童的智力会受到其周遭环境的影响。大脑的形成取决于它的思考方式和数量。

有关大脑的早期模型理论阻止我们思考学习能力的变化。"它们倾向于认为大脑是固定不变的，学习所需的线路早已就位。它有点像汽车，当人们驾驶它时，它不会发生任何改变。"（Zull，2004，p.68）

大脑的变化

关注大脑如何变化，可能有助于我们理解项目活动中的深度学习。心智、脑和教育科学的一个公认原则是"大脑是一个复杂、动态、综合的系统，它不断地随着经验的变化而变化，尽管大多数变化仅在微观层面上可见"（Tokuhama-Espinosa，2010，p.101）。每当儿童学习新东西时，大脑就会在神经元（细胞）之间建立连接。当这些神经元连接起来时，它们就会形成神经网络。这些神经网络是每个儿童通过自身的经验建立起来的。在一篇关于幼儿的生长发育和大脑的研究综述中，卡瑟伍德（Catherwood，2000，p.33）总结道：

> 支持儿童将不同的知识联系起来的经验（例如，在"基于事件"的课程中，儿童围绕概念性主题开展活动），可能会增强儿童大脑中神经网络的丰富程度。

斯夸尔和坎德尔（Squire & Kandel，2009）将这些神经网络描述为印迹。我们可以将产生印迹的过程看作修建道路，或者更准确地说，建造一个公路网，如州际公路系统。随着道路的投入使用，我们将对其进行改进，使其变得更宽、更结实，并添加和扩展新的道路。然而，与州际公路系统不同的是，这些神经网络更像森林中的小路。当小路长期不用或鲜少使用时，它们就会消失，不再让新的经验与它们建立联系。

这种生长和修剪的自然生物过程使大脑能够适应环境。这个过程类似一个人修剪盆景，只不过人用剪刀对植物进行修剪和塑形，大脑则通过使用来塑造，即用过的神经网络保留，没有用过的神经网络就会被修剪掉，其结果是大脑神经元结构的密度发生了变化。学习可以使大脑发生物理变化，我们可以通过使用新技术检测大脑来亲眼看见其中的一些变化。一项研究观察了儿童学习杂耍时的大脑变化（Draganski et al., 2004）。学习杂耍改变了大脑特定区域的密度（神经元之间的连接）。然而，停止练习杂耍，特定区域的密度就会下降，这进一步证实神经网络的使用非常重要。大脑的这种塑造过程被称为渠化。大脑发育中的渠化是指随着大脑的发育，最初的行为潜力或可塑性大大降低，这就好比给河岸修筑堤坝形成了水渠，从而使河水的流动受到限制一样（Blair, 2002；Kuo, 1976）。这使得大脑在做它最常做的事情时变得更有效率，在不再被要求做的事情上变得效率较低。每个儿童都有一个大脑发育的历史，这使大脑在其所处的环境中变得高效，但同时缩小了个人发展的可能性。

就像学习杂耍一样，当儿童学习新事物或掌握一项新技能时，大脑的物理结构就会发生变化。哈迪曼和布莱尔（Hardiman, 2012；Blair, 2002）认为，这些神经通路的形成受到情绪、注意力、先前知识以及练习或重复学习的程度等因素的影响。神经通路使用得越频繁，它们就越强大和高效；同样重要的是，教师要记住，这些强大、高效的神经通路的形成为学习新技能和新知识做好了准备，就像修建了一条新的公路后，通常紧跟着的是沿着公路开发的新社区。我们也可以在心智、脑和教育科学原则中看到有关大脑塑造的这一理念——"每个大脑在解决各种问题的能力上是不相同的。环境和能力会影响学习，这种环境包括学习环境、学习新主题的动机和先前的知识"（Tokuhama-Espinosa, 2010, p.100）。创设重要的环境、提供引人入胜的主题以及从儿童的先前知识开始，这些都是教师塑造儿童智力的方式。如果经验塑造了大脑，那么我们有必要问一下：课堂上儿童的大脑应被塑造成什么样子？早期教育阶段的儿童应该拥有什么样的经验？

每个大脑都是独一无二的

认识到儿童大脑的独特性对教师来说很重要。心智、脑和教育科学的第一条原则是,"人类的大脑和脸一样独特,虽然大脑的基本结构相同,但没有两个大脑是完全一样的。尽管不同人的大脑在如何学习以及涉及哪些大脑区域方面遵循一般的组织模式,但每个大脑都是独一无二的,有其独特的组织方式"(Tokuhama-Espinosa,2010,p.99)。如果教师的教学方法不能为儿童提供多样的学习方式,也不涉及儿童以往的经验,那么教学方法就不太可能奏效。

虽然每个大脑都是独一无二的,但大脑处理信息的方式有相似之处,这一点对教师(尤其是那些学习指导项目活动的教师)非常有帮助(Sousa,2010)。在处理信息时,大脑的四个区域会发挥作用(Zull,2002)。

- 感觉和后感觉皮层获得信息。
- 感觉皮层附近的颞叶联合皮层使信息具有意义。
- 额叶联合皮层从这些意义中产生新的想法。
- 运动皮层将这些想法付诸行动。

被使用的大脑区域会变得更加高效,能够更好地工作。朱尔(Zull)指出:"如果教师提供的活动和任务能够让大脑皮层的四个区域而非个别区域参与进来,那么他们就能期待儿童进行更深入的学习。大脑区域使用得越多,被激活的神经元越多,神经网络的变化就越多,个体产生的学习行为就越多。"(2002,p.5)。换句话说,如果教师为儿童提供丰富的感官体验并让他们有机会去理解信息、产生新的想法并将这些想法付诸行动,那么教师将促使儿童使用大脑的这些皮层区域,并帮助他们获得一个功能更好的大脑。

然而,过多地关注大脑的不同区域及其功能是一种错误的做法,例如,过多地关注右脑或左脑。西尔韦斯特(Sylwester,2005)将大脑比作厨房,认为大脑的功能类似厨房的功能。在厨房里,人们获得、储存和加工食材。厨房设施可以用于制作各种美味佳肴,但并不是所有的设施都一直处于使用中。菜谱记录了哪些食材和烹饪工具已经被使用了,以及下次准备食物需要什么。同理,大脑获得、整合和储存来自身体内外的信息。信息的加工方式多种多样。大脑扫描记录下哪些区域参与了活动，以及发生了什么。正如厨房里食材、调味料和厨具的组合方式是无穷无尽的一样，大脑也可以采用多种方式组织和加工信息。大脑擅长整合信息，而这种整合聚焦于让经验变得有意义。朱尔这样总结道："我们收集新信息，思考它；确定类别和关系，以创造性的方式使用它，最终理解它。"（2011，pp.88-89）

以上关于大脑如何运作的描述给我们提供了一个重要的启示，即信息的整合需要时间。大脑必须有时间将新信息与先前的经验联系起来，对其进行反思和分类，并以各种方式应用它。通过这个过程，我们真正理解了概念。有时，这种理解如顿悟般瞬间发生，但更多的情况是它需要花费一段较长的时间。在这个过程中，新信息与其他经验逐渐建立联系，从而引发了深度学习，而这很有可能持续进行下去并成为后续学习的基础。在后面的章节中，当我们讨论项目活动的不同方面时，我们将重新回顾有关大脑区域和大脑形成的理论。

幼儿的大脑

除了了解有关大脑发展和大脑功能的一般知识外，教师还需要了解专门针对幼儿的大脑所做的研究。当儿童进入幼儿园时，他们的大脑皮层发育还不完善（Copple，2012）。学前儿童在思维发展方面遇到的挑战包括：解决问题，集中注意力（尤其是长时间地集中注意力），以及学习和应用记忆策略。当儿童在学前阶段能够获得重要和有意义的经历，并且可以通过游戏回顾这些经历时，他们的思维能力就可以得到发展（Berk，Mann，& Ogan，2006）。

这个年龄段的儿童更有可能记住"脚本"而不是清单，这就是游戏对学前儿童的认知发展具有显著作用的原因之一。当儿童根据自己的经历（如参观种子商店）创编游戏"脚本"和参与游戏时，他们能够记住事物、解决问题并创造新的意义。

学前阶段也是儿童运用象征性思维或用一种事物来表征另一种事物的能力显著提高的时期。在这一阶段，"儿童在头脑里表征或者象征性地表征具体的物品、行为和事件的能力有了非凡的提高"（Copple，2012，p.17）。

在学前阶段，当儿童能够明白为什么事情是这样的时候，他们更有能力进行推理和解决问题。例如，他们能够理解为什么不同的种子是吸引各种鸟类的必要条件，以及鸟类的喙如何决定它们可以处理哪些种子。对幼儿的认知发展有重要作用的是，他们有机会通过与成人和其他能够帮助他们的人互动来提出问题并找到答案（Chouinard，2007）。

既然大脑是由经验塑造的，那么当儿童能够拥有诸如深入思考、提出问题、解决问题以及尝试象征性地表征自己的学习内容之类的经验时，他们的大脑将准备好进行更复杂的学习，也为他们以后的学业成功做好了准备。如果儿童的学习经历是被动的，即主要由教师使用预先设定的脚本传授事实性知识，那么这些建构心智和大脑所需的经验就不太可能获得。虽然教师可以通过机械训练教会幼儿识别字母形状和发音并重复事实性知识，但是幼儿取得的这些成就相比他们的大脑能够创作出单独的游戏脚本、想出问题的解决方案以及基于对事物运作方式的独到理解而创造出复杂的表征，简直是小巫见大巫。专注于细小的、独立的、可测试的技能，却牺牲了开发儿童大脑潜力（如探寻意义，将经验整合成复杂的认知）的机会，绝对是危险的。

我最喜欢拿我丈夫的古董跑车与为现代道路设计的新车做比较，从而解释早期发展心智和大脑能力的重要性。这好比是汽车修理工和汽车工程师的区别。我丈夫花了数十个小时，修复一辆1949年产的敞篷跑车。他做了大量的修补工作——修修这个部件，再修修那个部件，调调这里，再调调那里——使原来的发动机达到最佳工作状态。他把汽车从完全无法发动，修理到每小时能行驶75千米。我们喜欢在家附近的小路上驾驶它；然而，我们永远不会把它开到州际公路上。它太慢了，完全无法和州际公路上呼啸而过的大型汽车和卡车竞争。要让这辆汽车在州际公路上有足够的马力快速行驶，修修补补是不行的，我们需要汽车工程师为它设计一种全新的发动机。我认为，在过去的十年里，在公共教育方面，我们专注于修补，专注于子技能和可测试的概念。

作为教育工作者，我们应该像汽车工程师一样思考并规划儿童的学习经验，要让儿童（尤其是那些面临挑战的儿童）拥有开发心智和大脑的能力，在21世纪的"高速公路"上驰骋,而不是将他们局限于未来的"小路"上。儿童思考得越多,他们的思考能力就越强。儿童思考得越深入,他们在未来进行深入思考的可能性就越大。教育工作者应该设计一个更好的发动机,而不是一味地修修补补。我们应该帮助儿童为终身学习能力和高阶思维能力的发展奠定生理基础。

项目活动的基础

在这一章中,我们探讨了心智、脑和教育科学,以及项目活动(比如米歇尔老师的种子商店项目)如何与这个新领域的教学指南保持一致。本章主要围绕心智、脑和教育科学中的"脑"进行阐释,或者说从神经科学的角度进行阐释。然而,正如我们从心智、脑和教育科学中所获悉的那样,21世纪的有效教育不能仅仅基于神经科学。这一错误做法出现于20世纪90年代,那时人们"基于大脑"制定了一些具体策略,而其中一些策略现在被认为是"神经神话"。

心理学领域(心智与行为,即心智、脑和教育科学中的"心智"部分)和教育学领域(个别化教育与学习,即心智、脑和教育科学中的"教育"部分)在儿童的学习方面有着丰富的研究历史,它们通过观察、假设、验证假设以及实验等手段研究儿童的学习。当把心理学、教育学的研究成果与神经科学领域的认识结合起来时,它们就为有效的教与学提供了背景和方法(见图1.1)。项目教学法就是从这些领域中诞生的。第二章

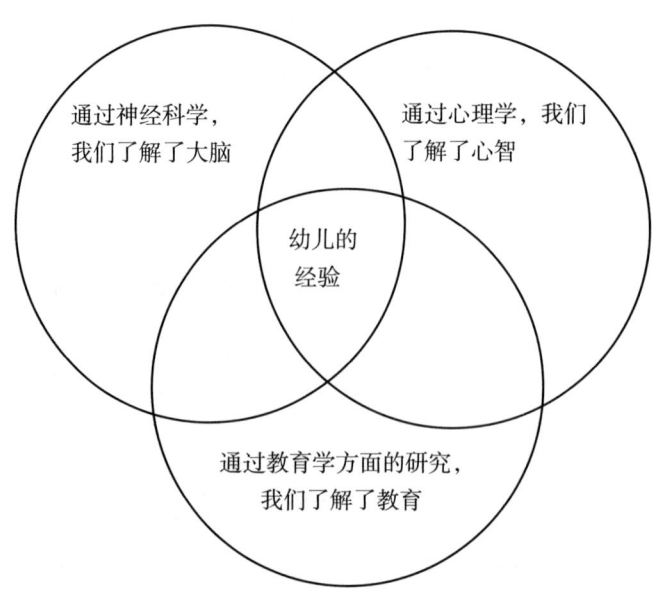

图1.1 心智、脑和教育科学如何影响幼儿的经验

着重介绍了项目活动的心理学和教育学基础。回顾这些领域的丰富历史，为教师使用具体策略深化项目活动，进而帮助儿童发展心智和大脑能力奠定了理论基础。

第二章　通过项目活动中的深度学习支持儿童心智发展

在第一章开篇部分，我描述了米歇尔老师的课堂。当米歇尔老师和她的学生研究种子并开展"种子商店"游戏时，他们参与了一个基于项目的探究活动。在指导这项探究活动时，米歇尔老师使用了项目活动的策略和方法。这些策略和方法与第一章中阐述的心智、脑和教育科学中的教学指南相一致。结合心理学和教育学领域的研究成果，这些指南还可以帮助教师提高项目活动的实施成效。在本章，我从这些领域中汲取了一些观点，有助于读者了解项目活动的理论基础，并促进儿童的深度学习。

心理学的观点

智力的概念

在教育领域，我们的职责是开发儿童的智力。儿童的智力包括：理性思维和逻辑思维能力，以及理解知识和有意获取知识的能力，尤其是理解和获取更深奥、更复杂的知识的能力。我们希望儿童能够发挥他们的潜力，实现他们的人生目标。过去，当教师谈论智力时，它通常被定义为智力测试的成绩或智商分数。美国哈佛大学教授加德纳（2006）详细讨论了我们应该改变对智力的看法，他反对把智力看作单一的智商分数，提倡从个人能力的角度出发将其看作一个更广泛、更少受到限制的概念，即智力不仅指能够获取知识，而且指理解知识并在新环境中运用所学知识的能力。加德纳关注的是一个人在社会中发挥作用的能力，而不是他所知道的东西，他指出："我把智力定义为解决问题的能力，或在一种或多种文化背景中制造有价值的产品的能力。"（p.133）

纵观心智、脑和教育科学的原则与教学指南，它们都强调"做"和主动学习。我们希望儿童能够思考和体验成就感。这需要一定的机会和实践，而这两者都可以在项目活动中实现。

执行功能

除了认识到智力观的变化外，研究人员还重点关注了大脑执行功能的发展。执行功能不是大脑的单一活动或单一思维方式，而是一个相互联系的过程。执行功能包括解决问题、逻辑推理和制订计划，它们主要发生在大脑的前额叶皮层（Blair，2008）。布莱尔和拉兹（Blair & Razza，2007）的研究指出，在入学准备方面，执行功能的发展比智商分数更重要。执行功能可以预测儿童在整个求学期间的数学和阅读能力（Gathercole，Pickering，& Stegmann，2004）。执行功能还包括保持工作记忆中的信息，抑制行为，转移和维持注意力，以及采取有目的的行动等（Blair，2008）。它在幼儿期迅速发展。

其中，自我调节能力或自我管理能力的发展尤为重要。自我调节能力包括管理情绪、控制身体机能以及保持专注或注意的能力（Gillespie & Seibel，2006）。儿童在婴儿期就开始发展自我调节能力，这种能力随着他们在社会互动中学会遵守规则和抑制行为而继续发展（Blair，2003）。最难也是最后发展的一种执行功能是认知自我调节，即对自己的思维过程的调节。儿童在4岁时表现出认知自我调节能力，此时他们开始发展制订计划（例如，要在学习区做什么）和做出恰当的反应（例如，在教师阅读故事时专注地倾听）的能力（Rice，2012）。

教师和其他关注21世纪儿童教育的人士，对儿童的执行功能的发展产生了浓厚的兴趣。许多人和我一样认为，儿童要在未来取得成功需要具备创造力、灵活性、自制力和自律能力。

> 儿童需要创造性地思考，以设计出以前从未考虑过的解决方案。他们需要在头脑中运用工作记忆处理大量的数据并看到各要素之间的新联系。他们需要灵活地理解不同的观点，并利用自己偶然获得的发现。他们需要自制力来抵制诱惑并避免做让自己后悔的事情。（Diamond & Lee，2011，p.959）

这些执行功能决定了一个儿童在多大程度上能够意识到自己的情绪和行为。执行功能对儿童的学业成功和人生成功都非常重要。儿童在童年早期保持专注、设定目标以及坚持到底的能力，决定了他们发展的轨迹。执行功能为儿童习得认知技能和获得有意义的新知识构建了基础。如果课堂主要关注儿童对事实性知识的获取，以及对字母和数字的机械练习，而不为儿童提供发展和练习执行功能的机会，那么它可能会对儿童的学业成功产生负面影响。正如布莱尔（2003，p.3）所说：

> 过早地关注学前儿童的知识学习，而不注意他们认知和社会情感方面的能力（知识是通过这些能力获取的），可能会导致一些儿童出现学习问题或经历学业失败。

当儿童离开幼儿园进入学前班和小学低年级时，这些认知和社会情感能力变得更为重要，因为儿童在学习过程中承担着越来越多的责任，例如，要保持专注、自我主导和坚持不懈。莫兰和加德纳（Moran & Gardner, 2010）在解释执行功能的关键作用时，创造了"山丘、技能和毅力"（hill, skill and will）这一短语。当儿童能够把想要实现的目标（比如，登上一座山丘）与他们能做到的事情（技能）结合起来，并将自己的精力用于达成预先设定的目标（毅力）时，他们就发展了执行功能。换句话说，儿童必须能够设定目标，然后运用技能来实现目标，并有决心和毅力朝着目标努力。执行功能随着时间的推移而发展，它从儿童早期开始发展，一直持续到成年早期。好消息是，执行功能是可以被教授和练习的。照片 2.1 和照片 2.2 显示了儿童在种子商店项目中所表现出来的执行功能。

照片 2.1
这个儿童正在设计种子商店，这一过程需要他设定目标、与他人交流，以及使用符号工具

照片 2.2
儿童决定创建一个种子商店，他们正在设定目标，练习各种技能，并体验努力工作和坚持不懈的结果——山丘、技能和毅力

儿童发起和自我主导是项目活动的组成部分，它们为儿童提供了练习"山丘、技能和毅力"的机会。项目活动的社会性本质要求儿童相互合作。在班级中定期开展项目活动的教师常说，他们之所以在项目活动上花费时间和精力，是因为他们看到儿童的专注力和毅力有了长足的进步。

儿童需要在实践中练习以发展执行功能，而项目活动既提供了实践机会，又能实现课程目标。理解执行功能的重要性，并确保儿童在项目活动中有很多运用执行功能的机会，是教师深化项目活动的一种方式。在本书第二部分，我们将介绍实现这一目标的具体策略。

学习是一种社会文化经验

心理学领域里给我们带来另一种启示的是维果茨基（Vygotsky，1896—1934）以及其他主张社会文化理论的人士的观点。社会文化理论聚焦于社会和文化经验对儿童发展的贡献，而不是将教育视为儿童对每个学科的技能和知识的获取。我发现，维果茨基的社会文化理论中有三个概念对于指导教师开展项目活动意义非凡：

- 心理工具
- 中介和社会互动
- 最近发展区

社会文化理论认为，高质量的学习经验要能够帮助儿童发展基本的认知（思维）技能和元认知（监视和思考自己的思维）技能。这些认知技能适用于课程的所有领域，能够使儿童在数学、科学或文学等领域进行更高层次的思考（Kozulin，Gindes，Ageyev，& Miller，2003）。

心理工具。 在维果茨基的社会文化理论中，"心理工具是特定文化所特有的符号系统，当个体学习者将其内化后，这些符号系统就成为他内在的认知工具"（Kozulin et al.，2003，p.3）。让我们来看看这句话的组成部分。工具是人们用来完成任务或执行某一程序的东西。可以联想一下锤子或洗衣机，我们能够使用锤子把钉子钉在墙上，使用洗衣机达到洗衣服的目的。心理工具与锤子或洗衣机等工具的区别在于，使用锤子或洗衣机并不会改变工具本身或使用者，它只是使任务得以完成。无论是否用锤子敲击钉子，它都是一把锤子。

维果茨基所指的工具是心理工具或心智工具。这一工具包括由他人创造和传承下来的符号系统，比如，能够使人阅读、书写的字母和进行计算的数字。科祖林（Kozulin，2003，pp.15-16）指出，"心理工具是那些人造符号，如标志、文本、公式和信息组织图。当它们被内化时，它们可以帮助个体掌控自己的感知、记忆、注意等自然心理功能"。

这些心理工具可以帮助大脑完成有意义的任务并执行某些程序，而在个体使用这些工具的过程中，它们塑造了个体大脑的发展，扩展了大脑的思维方式。神经科学方面的有关研究发现，这种塑造会促使大脑发生物理变化。将这些心理工具内化，使思考得以发生，并培养了个体未来的思考能力。心理工具的使用（如阅读和书写字母）成为儿童发展的手段。

心理工具这一概念给我们带来两个重要的启示。

1. 我们应该将字母、数字等符号系统视为培养儿童的心智和大脑学习能力的工具。将这些工具整合到项目活动中，尤其是当把它们作为实现儿童目标的工具引入项目活动中时，它们将会使儿童受益。与此相反，如果只教授儿童掌握这些符号系统，不把它们作为工具来使用，那么它们不太可能推动儿童的发展。例如，在读写方面，相比让儿童每周背诵一个字母，为儿童提供有意义的经历来激励他们学习特定的字母更有效，这样儿童就可以做对他们来说很重要的工作（例如，辨认种子包装上的文字，为垃圾箱制作标签，为自己的商店制作标志）。在项目活动中，儿童为了实现自己的目标而使用工具（如阅读文字），因此项目活动蕴含丰富的使用工具的机会，能更有效地促进儿童的认知发展。

2. 围绕儿童在一个项目活动中可能需要的心理工具以及何时使用这些心理工具进行预测和规划，将有助于增强该项目活动在培养儿童心智和大脑能力方面的作用。我们不应将项目活动视为一种必须挤进繁忙的课程表的单个课程经验，而应将其视为实现数学、读写、科学思维目标的另一种方式。

游戏为幼儿提供了使用心理工具的机会。在游戏中,他们可以用一种物品来代表其他物品,或者使用他们在现实世界中习得的语言。项目活动激励儿童体验丰富的游戏,为儿童提供了使用语言和理解物品之间的关系的机会。在美国伊利诺伊州皮奥里亚市的探索幼儿园,帕姆老师所在的班级开展了一个关于消防车的项目活动。孩子们自己设计了一辆消防车,车上配有方向盘、按钮和消防水管。这个项目活动也演变为一个持续且深入开展的游戏(见照片2.3)。

照片 2.3

维果茨基(1933/1966)认为,支持儿童发展的游戏的特征包括:有想象的情景、儿童扮演角色以及儿童在假想的情景中遵守规则

中介和社会互动。 在学习过程中,社会互动(包括教师与儿童之间的互动和儿童与儿童之间的互动)使儿童能够学习如何使用心理工具。在社会文化理论看来,高效的教师要观察儿童在使用心理工具方面做出的尝试,并协助儿童学习应用这些工具。教师可以使用一些具体的策略,如示范、演示、提问、澄清儿童的想法,以及协助儿童制订和执行计划。有许多术语可以用来描述教师的这一角色,如中介、鹰架者和导师。例如,儿童可能观察到班上孩子的鞋子

有不同种类的鞋带。为了回应儿童的这一兴趣，教师可以帮助他们，向他们展示如何使用图表对观察的结果进行分类和记录，然后为全班儿童示范如何分析图表、形成结论。这样一来，儿童就成了小学徒，通过观察教师的做法来学习。是使用鞋带的鞋子多，还是使用尼龙搭扣的鞋子多？通过观察和回应儿童的兴趣，以及示范和引导他们完成数据收集过程，教师为他们提供了许多新的心理工具（例如，收集数据、绘制图表、分类等）以便于他们日后使用。等到下次有机会收集数据时，儿童就能使用这个工具，并最终独立地完成这个过程。在项目活动中，当儿童探究自己感兴趣的主题时，他们有很多机会学习和使用心理工具。然而，如果儿童的精力主要用于完成教师布置的作业或完成教师规定的学习活动，那么这些机会就不太可能出现。

最近发展区。维果茨基提出的最近发展区（zone of proximal development）是最被广泛认可和使用的社会文化概念之一。尽管维果茨基关于这一概念的论述不多，但这一概念已经被其他人广泛应用并进行了扩展。维果茨基之所以选择"区域"（zone）这个词，是因为他认为发展并不是刻度尺上的一个点，而是一个行为或成熟度的连续体。他将该区域描述为最近的（即紧挨着的、靠近的），意思是该区域仅限于那些近期内将会发展的行为（Bodrova & Leong，1996）。在这句话中，"近期"一词是关键。儿童不应该将学习时间浪费在一次又一次地做他们已经能完成的任务上，也不应该做那些远远超出他们的理解范畴的任务。教育的一个主要目标应该是鼓励儿童做处于最近发展区的任务，即鼓励儿童学习和做一些他们以前做不到的事情，而教师为他们的发展提供支持。当然，这就要求教师能够观察儿童在完成任务过程中的表现水平。当所有儿童都在制作同样的手工作品或做同样的书写练习时，教师很难看出每个儿童已经会做什么、现在能够做什么或者什么对他们来说具有挑战性。项目活动则为儿童提供了许多自我选择的机会，也为个人和小组设定目标提供了许多机会，这样教师就可以很容易地看到儿童在这些心理工具的发展方面所处的水平。之后，教师可以根据每个儿童当前的发展水平或最近发展区来安排任务和布置环境，并调整成人干预的次数。例如，在种子商店项目中，当需要给种子箱贴上标签时，有些儿童通过复制米歇尔老师为他们写的单词来制作标签，有些儿童在米歇尔老师拼读字母时把这个单词写下来，有些儿童能够边复述自己听到的单词边把它独立地写出来。此外，还有一些年龄较小的 3 岁儿童对制作标签完全没有兴趣。通过确定每个儿童的最近发展区，米歇尔老师能够鼓励他们以一种既不太容易也不太困难的方式来完成任务。在这个项目活动中，每个儿童都能在自己的最近发展区内完成任务。

游戏

维果茨基（1933/1966）非常重视游戏，称其为儿童早期发展的前沿活动，他认为游戏对儿童早期发展具有重要的意义。

一个儿童最伟大的成就可能是在游戏中实现的，这些成就在明天将成为他实际行动的平均水平……（p.21）

在游戏中，儿童的表现总是超出同龄人的平均水平，高于他的日常行为水平；在游戏中，他似乎比实际的自己高出一头。就像放大镜的焦点一样，游戏以浓缩的形式包含了所有的发展趋势；在游戏中，儿童会试图突破正常行为的水平（pp.25-26）。

戏剧表演游戏或假想游戏是学前儿童和小学低年级儿童的典型游戏。在这类游戏中，儿童会操纵物体、安排游戏环节、表演真实的场景或事件。这类游戏使儿童能够以有意义的方式使用符号工具。维果茨基（1933/1966）强调了戏剧表演游戏区别于其他类型的游戏的重要性。博德罗瓦（Bodrova, 2008）指出，维果茨基将戏剧表演游戏描述为"真正的"游戏或塑造儿童发展的游戏。这种游戏有三个主要特征：儿童创设一个假想的场景，扮演角色，制定并遵守一套由特定角色决定的规则。

维果茨基所描述的"真正的"游戏，是学前儿童项目活动的一个常见部分。在观察美国各地幼儿园里的项目活动时，我看到儿童利用他们在调查活动中所学到的东西创设了商店、车库、农场和医院等游戏环境。儿童在使用符号工具和高级心理机能时，将他们所学到的关于某个主题的知识结合起来。米歇尔老师班级里的"种子商店"游戏就是这类游戏的一个例子。儿童创建了种子商店,并假装成顾客、种子供货商和店员。他们制定了一些"规则",涉及人们如何进入商店、购买种子,以及谁在销售种子的过程中扮演什么角色。当他们扮演在参观种子商店过程中观察到的成人角色时,他们也做了所观察到的成人做的工作(如寻找顾客需要的种子),并且使用了这个场景下成人用到的词汇。在整个过程中,他们都能够愉悦自得地练习和使用心理工具(见照片2.4)。

照片 2.4
当儿童在自己的种子商店玩耍时,他们会使用学业技能、练习新词汇,并感受坚持和努力所带来的回报

思维的层次

除了智力的概念、执行功能和学习的社会文化性质外,心理学还为我们提供了一种审视不同的思维方式的方法。美国教育心理学家本杰明·布鲁姆(Benjamin Bloom)与一群同事合作开发了一种"分类法",也称思维分类体系,可用于编写教育目标。这种分类法是一个按照思维的复杂程度排列的六级思维分类模型。该模型下级的三个层次是知识、理解和应用,上级的三个层次是分析、

综合和评价。大约 50 年后，一批新的心理学家根据 21 世纪的教育需求对布鲁姆分类法进行了修订，使其适合更广泛的受众（Anderson & Krathwohl, 2001）。修订后的布鲁姆分类法使用行为动词，并将"创造"置于思维的最高层次。作为一个层级化的结构，它将思维按照从低到高的层次排列，每个层次都包括并基于下级的层次。

- 记忆：从长时记忆中检索、识别和回忆相关知识。
- 理解：通过说明、举例、分类、总结、推断、比较和解释等构建口头、书面和图形信息的意义。
- 应用：通过实施来执行或运用一个程序。
- 分析：将材料分解成若干组成部分，通过区分、组织和归因来确定各部分之间的关系，以及部分与整体结构或目标之间的关系。
- 评价：按照一定的准则和标准，通过检查和评论做出判断。
- 创造：将各种要素组合在一起，形成一个连贯的或有机的整体；通过生成、计划或制作将要素重组为新的模式或结构。（pp.67–68）

婴儿和学步儿主要使用的是前两个层次（记忆和理解），但到了 6 岁，大多数儿童都能够使用这六个层次进行思考。布鲁姆分类法对开展项目活动的教师最有帮助，因为它可以辅助他们计划、实施和评估项目活动，这样就可以确保儿童体验到不同的思维方式。根据我们从其他领域获得的信息可知，关注思维层次的先后顺序可能帮助不大。的确，有些思维层次是按照逻辑顺序来排列的。记忆某项知识是理解它的前提，而理解是应用所记忆的知识的前提。例如，儿童只有记住并理解种子搅拌机的用途，才能将这一知识应用到游戏中，在游戏中使用种子搅拌机。然而，在学龄前阶段，分析、评价和创造等高阶思维技能更有可能同时发生或按照不同的顺序发生。马扎诺和肯德尔（Marzano & Kendall, 2006）研发的新分类法也强调操作或行动，但他们认为他们的分类法不分层级，这与我们现在对大脑信息加工过程的认识更加一致。这种新分类法引起了人们对元认知的关注。

神经科学等其他领域的研究成果告诉我们，学习要比这两种分类法复杂得多。复杂的学习经验需要运用多种思维，而且这些思维以许多不同的方式整合和联系在一起。大多数教师比较熟悉安德森和克拉特沃尔（Anderson & Krathwohl，2001）修订的布鲁姆分类法，它为教师思考和交流课堂上的思考机会提供了一个结构。但我们必须认识到，思维的质量有高低之分。即使低阶思维和高阶思维不属于一个封闭的层级结构，它们也是可以区分的。对项目活动来说一个重要的启示是，高层次思维必须依靠低层次思维，并在低层次思维的基础上发展。正如我在第一章中所讨论的，幼儿记忆能力——回忆和重温所学知识的能力——的发展是非常重要的。那种认为项目活动只涉及高阶思维的看法是不对的。总得有事物可供孩子们思考！记忆、识别和回忆知识，总结、分类和比较，以及重复他们观察到的简单程序和过程，都是深度项目活动的重要方面。在米歇尔老师的班级里，儿童先构建了丰富的关于种子和种子商店的知识，然后才分析在班级里创设种子商店需要什么，制订并评估他们的计划，最后创建种子商店。

这两种分类法带给我们的另一个重要的启示是，学习经验不应局限于记忆、解释和执行程序，必须有机会让更高层次的思维发生。在儿童探索种子和种子商店的过程中，米歇尔老师观察了他们对种子世界的哪些方面最感兴趣。因而，这个项目可以向任何方向（如喂鸟器项目、种子项目，甚至是植物种植项目）发展。米歇尔老师让儿童追随他们自己的兴趣来开展项目活动，她让他们体验到更高层次的思维。如果米歇尔老师事先决定这是一个种子商店项目，或者为儿童规划种子商店并在戏剧表演区搭建种子商店，那么儿童的思维体验就只会停留在较低的层次上。项目活动能够为儿童提供进行不同层次的思考的机会。

除了修订思维的层级结构外，马扎诺和肯德尔（2006）还呼吁人们关注不同类型的知识。他们确定了以下四类知识。

- 事实性知识——术语、具体细节和要素
- 概念性知识——分类和类别、原则和概述，以及理论、模型和结构
- 程序性知识——特定学科的技能和算法，特定学科的技术和方法，以及何

时使用适宜的程序的判断标准
- 元认知知识——思考策略、认知任务及自我认知

在种子商店项目中，儿童学到大量的关于种子的事实性知识。他们学会如何对种子和喂鸟器进行分类。他们学习如何制作种子混合物，以及如何根据不同鸟类的喜好来自己制作种子混合物。他们还对自己调查问题和与他人一起找到解决方案的能力形成了自我认知。正如第一章中诺兰对自己的探究过程所做的评论，儿童还了解自己努力工作时的感受。在第二部分的章节中，修订后的布鲁姆分类法以及马扎诺和肯德尔提出的这四类知识，将有助于我们了解把项目活动发展为深度学习经验（包括进行高层次思考的机会）的策略。

教育学的观点

心理学通过对心智和行为的研究为我们提供了一些重要的见解，为项目活动中的深度学习奠定了基础。本节将聚焦于项目活动本身。多年来，对开展项目活动的教师进行培训的经验让我相信，只有当教师对项目活动的起源和目的有清晰的认识时，深度学习才有可能在班级中发生。

项目活动的发展

项目活动来源于儿童主导的、动手操作的探究性学习这一教育传统。对项目活动及其多种形式进行论述的学者们（Edutopia，2014；Glassman & Whayley，2000；Helm & Katz，2011；Katz & Chard，2000；Markham，Larmer，& Ravitz，2003）大都认为，杜威于1896—1904年在芝加哥大学实验学校的研究工作阐明了"项目"的基本含义（关于杜威做出的贡献，我们将在本章后面详细地讨论）。项目是由杜威的研究引发的进步主义教育运动的一个主要组成部分。尽管美国人对项目活动的关注度在20世纪50年代有所减弱，但到了20世纪60年代和70年代，它又重新崭露头角，因为当时美国幼儿教师和管理人员前往英格兰参观幼儿园时发现，项目活动是该幼儿园课程的重要组成部分（L. Smith，

1997）。正是在那里，丽莲·凯兹观察了项目活动，并开始对项目活动进行研究。也正是在那里，我在自己的职业生涯初期，在伦敦的一所幼儿园里观察到项目活动。1989年，随着《开启孩子的心灵世界——项目教学法》（第一版）的出版，美国人对项目活动的惊人潜力再次燃起了浓厚的兴趣。

项目活动有多种多样的形态。这种形态的多样性往往来源于儿童在发展水平上的年龄差异，以及他们在技能方面的年龄差异。比如，幼儿园教室里的项目活动（如米歇尔老师班级里的项目活动），与五年级教室里的项目活动有着明显的区别。在米歇尔老师的班级里，儿童刚刚开始学习读写，而在五年级的教室里，学生们的读写能力成为一种研究工具。良好的读写能力使这些年龄较大的儿童能够使用互联网进行研究，阅读和分析原始的书面材料，并撰写书面报告（Boss & Krauss, 2007）。这些差异影响儿童的调查、研究和对学习的表征。尽管形态不一，但是项目活动具有一些不同于其他课程模式的一般性特征。托马斯（Thomas, 2000）总结了一些区分项目活动的标准，如下所示。

- 项目是课程的中心，而不是课程的附带品。
- 项目是经验的主要组成部分，而不是为了充实或增添经验。
- 项目的焦点是推动儿童探索和学习某一学科（或领域）知识的问题。
- 项目让儿童进行建设性的探究；也就是说，项目必须涉及对新知识和新认识的转化与建构。
- 项目是由儿童驱动的，不是由"教师主导的、安排的或包装好的"。项目是真实的，它们是对现实生活经验的探索。（pp.3–5）

项目活动的多样化形态包括：基于项目的学习（Polman, 2000）；基于问题的学习（Barell, 2007）；基于地方的学习，即围绕学校附近的邻里和社区进行调查（G. A. Smith & Sobel, 2010）。在所有这些项目活动中，学习者都是自主的，他们会创作具有个人意义的作品来呈现他们的学习（Grant, 2002）。项目活动被描述为整合性课程模式，因为其探究过程整合了各学科领域的知识和技能。项目活动激励儿童学习阅读、书写和科学思维等学业技能，同时它也为儿童在现实生活中实践这些技能提供了机会。另一个用于描述项目活动的术语是建构主义学习，因为儿童是在探究的基础上建构自己的知识的。

早期教育中的项目活动

项目活动与早期教育阶段（幼儿园、学前班和小学低年级）儿童的发展特点和能力高度匹配。在意大利瑞吉欧·艾米利亚的学校里，有关儿童小组项目活动的报告和展示令人印象深刻，这激发了人们在早期教育阶段开展项目活动的兴趣（Edwards, Gandini, & Forman, 1993, 1998; Gandini, 1997; New, 1990; Rankin, 1992）。甘蒂尼（Gandini, 1997, p.22）指出：

> 项目活动为儿童和教师的学习经验提供了基础。项目活动基于这样一个坚定的信念——做中学至关重要，同时获得更好的认识和学习的首要途径是在小组中讨论并重新审视观点和经验。

除了瑞吉欧·艾米利亚学校的项目活动外，早期教育中的项目活动还有很多不同的形式。"项目"一词被早期教育工作者以多种方式使用。有些教师把儿童建造的模型（如校车）或儿童创设的游戏环境（如鞋店）称为项目；还有一些教师把所有持续数周的学习活动称为项目，即使这些学习活动完全由教师发起和主导。这些学习活动并不符合托马斯（2000）所列出的项目活动标准。为了区分项目活动与早期教育中的其他学习活动，你需要回答以下几个问题。

- 这是儿童根据自己的问题开展的调查吗？
- 儿童的问题是否决定了项目的焦点？也就是说，对树木的调查有可能变成一个关于木材厂的项目吗？
- 在项目实施期间，儿童的问题是否决定了项目接下来会发生什么？
- 儿童是否使用了高层次的思维技能，如假设、分析和创造？
- 儿童是否正在形成自己的想法、理论和概念？
- 表征（涉及游戏环境、模型和艺术作品）是否由儿童计划并落实？

以上问题所涉及的学习经验，在种子商店项目中都有体现。为了指导这个项目，米歇尔老师遵循了一套具体的流程，将项目活动作为一种课程方法，即"项目教学法"（Helm & Katz，2011）。针对年龄较大的儿童的项目活动形式，如基于问题的学习和基于地方的学习，重点关注学科内容方面的问题，而这些问题由教师或课程决定。在早期教育领域，我认为遵循一套具体的流程（项目教学法）对教师开展项目活动很有效，因为它强调的是儿童遇到的问题，这使教师能更容易地将项目活动与幼儿的发展任务及各种学业技能水平相匹配。

项目活动与主题课程

在向教师解释项目活动时，我发现将项目活动与教师可能已经熟悉的其他课程模式进行比较很有用，比如，可以将项目活动与主题课程、单元课程、学习区活动进行对比，后者也是组织幼儿学习活动的方式。主题课程是一种整合的学习经验，以宽泛的概念或话题（如"冬天""动物""动物园"等）为焦点。当开展主题课程时，教师首先会收集与该主题相关的书籍、照片和材料，然后根据学科领域（如语言、数学、科学领域）设计与该主题相联系的活动。例如，在一个关于动物园的主题课程中，教师可能会为儿童读有关动物园中不同动物的书籍，儿童可能会观看有关动物园里的动物的视频。儿童还可能给动物园画画，甚至参观动物园。单元课程的聚焦点则比较狭窄，它通常由围绕特定话题预先计划好的课和活动组成，而这个特定的话题（如磁铁）是教师或规定性课程认定的对儿童来说很重要的内容（Harlan，1984）。当开展单元课程时，教师或规定性课程决定儿童应该学习哪些概念和知识。此外，许多教师还使用学习区来组织幼儿的学习活动。教室里的区域（如"积木区""音乐运动区"等）被指定用于发展儿童的某些知识和技能（Dodge，Colker，& Heroman，2002）。每个区域的材料和设施都是由教师精心挑选的，用以教授相关概念，并为儿童练习那些教师希望他们提升的技能提供了机会。

主题课程、单元课程和学习区活动通常由教师选择和组织。我们可以将这些课程模式置于一个连续体上，因为它们在儿童发起话题的主动性和儿童参与决策的程度上有所不同（见图 2.1）。在这个连续体上的任何一点，都有可能实现优质的教学。事实上，这些课程模式经常与项目活动同时存在于一间教室里。

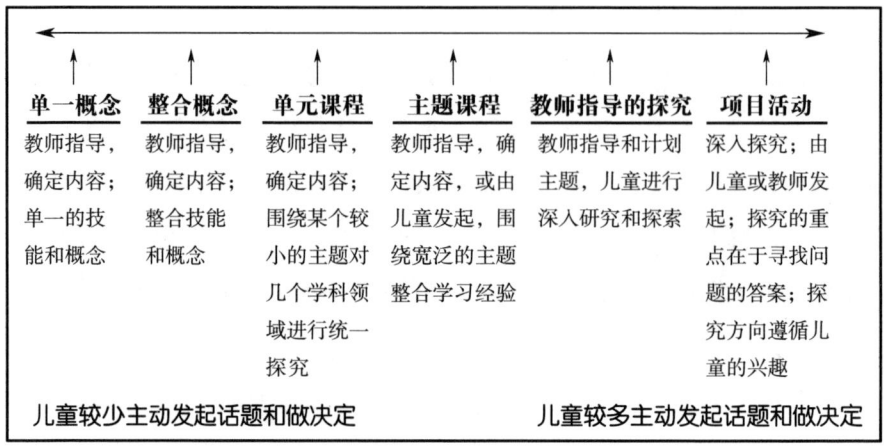

图 2.1
不同取向的课程模式中，儿童在主动发起话题和做决定方面的差别

为了进一步澄清项目活动和教师计划的学习活动之间有何区别，我们不妨看一个例子。随着人们重新关注儿童与自然的联结，有许多幼儿园在其户外区域增设了蝴蝶花园。因此，这类花园的规划和创设就有可能成为主题课程或项目活动的主题。在围绕蝴蝶花园开展的主题课程中，教师会介绍这个主题，儿童可以规划花园的布局，然后创建花园并观察它。儿童还可能列出一个有关蝴蝶花园的问题清单。这种学习体验虽然有价值，但不符合项目活动的定义。

关于蝴蝶的项目活动可能会按照下面的流程开展。

1. 儿童对户外游戏场地上的蝴蝶产生了兴趣。
2. 教师鼓励儿童提出问题，并将其记录下来。
3. 儿童进行观察，进而提出更多的问题。
4. 儿童观察更多的蝴蝶，提出更多的问题。
5. 教师找到研究蝴蝶的专家，由儿童对其进行采访。

如果儿童提出一个问题，比如"我们怎样才能找到更多的蝴蝶？"，那么这个问题就可能引发更多的研究，然后儿童可能会设计和创建一个蝴蝶花园。于是，蝴蝶项目活动就可能像主题课程那样最后产生一个新的蝴蝶花园；然而，蝴蝶项目活动也很容易变成一个关于毛毛虫及其如何化茧成蝶的调查研究。它还可能引发以下结果：儿童围绕蝴蝶的生命周期设计一个游戏，画一幅有关蝴蝶的壁画，自编有关蝴蝶的百科全书，搭建一个巨大的蝴蝶模型，以及使用其他各种各样的表征方式。在项目活动中，项目的方向将由儿童的兴趣和参与程度决定。正是儿童的问题和他们的发现决定了项目发展的方向与结果。多样的表征方式是从儿童工作的重点中生发出来的。对于教师来说，检查和确定班级中是否真正开展了项目活动，最简单的方法就是看儿童的问题在探究中发挥的作用。

- 是否存在有意义的问题？
- 这些问题的结果是什么？
- 儿童的学习如何影响他们的行为和表征？

如果儿童的问题在引导项目活动方面的作用微乎其微，那么将这种活动描述为主题课程或单元课程而非项目活动可能会更准确。

随着人们对项目活动兴趣的增加，一些出版课程材料的出版社将所谓"项目式活动"（有时称为研究或探究）的材料打包在一起。虽然它们的结构与项目活动类似，即借由网络图和问题的方式来表示，但是它们其实更类似主题或单元课程而非项目活动。在这些研究中，主题是预先选定的，材料是预先挑选好的，而且材料通常以配套的形式呈现，目标和活动也由教师确定。虽然我曾经看到一名教师用事先规划好的研究活动来探索一个主题，然后根据儿童的兴趣将这个研究活动发展成深度的项目学习活动，但就我的经验而言，这种情况并不经常发生。我所观察到的研究活动，无论是对教师还是对儿童来说都不是所谓的深度探究。

我发现，当教师将项目活动建立在对儿童兴趣的观察上时，他们更有可能在班级开展丰富的项目活动，而这些兴趣是教师通过儿童的游戏、故事和问题发现的，它们揭示了儿童的知识或儿童基于自身文化建构的神经网络。这些教师仍然能够整合和"覆盖"课程目标与概念，但这样做是为了回应儿童的兴趣。当教师根据自己对儿童的反思来选择材料和计划经验，而不是使用预先计划好的材料包时，项目活动可能更符合儿童的需求和文化。购买的材料包会限制项目活动的探究方向，并使那些试图与儿童的想法相连接的教师感到沮丧。由于材料包是花钱购买的，因此不管儿童的兴趣如何，教师常常会年复一年地使用它们。此外，因为教师没有亲自研究、准备和规划主题，所以他们不太可能在认知方面真正参与这个主题，也不太可能形成丰富的有关该主题的背景知识。其结果是，当教师与儿童一起接触新概念时，儿童没有机会看到教师成为一个兴奋且投入的共同学习者。

尽管项目活动可以为儿童提供丰富且有益的经验，但大多数教师还是会将项目活动与主题课程和单元课程结合使用。有些主题很重要，需要讨论和分享，但不适合通过项目活动进行深入探究。儿童需要学习很多知识，而其中一些知识可以通过单元课程或主题课程来进行最有效的教学，这样有助于儿童对大量的主题建构起必要的背景知识和认识。此外，还有一些技能，如读写技能和计算技能，可以从系统的教学和由教师主导的活动中得到发展。

在图 2.1 所示的连续体上，任何一点都可以实现优质、适宜的教学。然而，在一间幼儿园的教室里，如果所有的学习经验日复一日都是由教师主导和预先计划好的，那么这种教学是没有什么科学依据的。

项目活动尤其是项目教学法为教师提供了一种结构、策略和方法，让他们能够将心智、脑和教育科学中的教学指南融入教学。如果你不熟悉项目教学法，那么我建议你阅读《培养小小探索家》，它可以帮助你采用项目教学法来指导那些尚不能熟练地阅读和书写的儿童。这也就回答了你提出的一个基本问题：如何在幼儿园的课堂上开展项目活动？

杜威的理论对项目活动的启发

项目活动伴随着实践而不断发展，并受到心理学和教育学领域诸多学者和研究人员的影响。虽然本书不可能阐述他们带来的所有影响，也不可能讨论他们对项目活动的所有贡献，但用我们现在从神经科学领域中了解到的知识来重新回顾杜威的研究，可能会为教师的反思锦上添花。任何一位开展深度项目活动的教师都应该从研究杜威开始，因为正如前文所述，今天在美国学校中实施的项目活动通常都与杜威的著作联系在一起。他在《学校与社会》(The School and Society，1915)、《民主主义与教育》(Democracy and Education，1916)、《儿童与课程》(The Child and the Curriculum，1928)和《我的教育信条》(My Pedagogic Creed，1929)等著作阐述了自己的信念，此外，他还发表了许多演讲和文章。尽管他早期的著作没有讨论项目活动，但它们使我们对项目活动结构、策略和方法背后的理论基础有了更深入的了解。杜威后来的著作，特别是《我们如何思考》(How We Think，1933)，详细阐述了项目活动。现在，让我们来看看他提出的与项目活动有关的主要观点。

教育的首要目标

当教师和家长描述项目活动时，他们经常说，开展项目活动能让儿童"学会如何学习"。他们的意思是说，参与项目活动的经验培养了儿童的能力，让他们在未来能够自立，满足自己的学习需求和提高学习效率，从而成为成功的学生。杜威将培养儿童的学习能力描述为教育的首要目标。培养儿童自我教育的能力，也许是区分儿童主导的探究（如种子商店项目）与教师主导的单元、主题和说教式教学的主要方面。杜威（1916，p.105）指出："教育的目的在于使个人能够继续他们的教育，或者说，学习的目标和回报是获得持续生长的能力。"

杜威将他的教育目标与直接传授孤立知识的教学进行了对比，他认为后者导致了一个静态的教育过程，将儿童为达到目标而从事的活动与目标本身进行了人为的分离。杜威认为，教育应该被看作一个动态的、持续的过程，儿童学习能力的提高是儿童教育的主要力量。

一些教师错误地将项目活动描述为学业学习的对立面；然而，当谈及为什么开展项目活动时，人们给出的原因之一就是，项目活动为儿童学习学业技能提供了理由，也为儿童以有意义的方式实践这些技能提供了机会（Dewey，1933；Helm & Katz，2011；Katz & Chard，1989）。在培养儿童的学习能力时，一个不可或缺的部分就是帮助儿童掌握学业技能，如阅读、书写、科学探究和计算。

项目活动不是学业学习的替代品，而是整合所有学业技能的工具。在设计项目活动时，教师应牢记杜威的教育目标——培养儿童的长期学习能力和学习兴趣，这样就可以将项目活动的焦点始终放在儿童的能力发展上。换句话说，根据杜威的观点，儿童在蝴蝶项目中学会如何探究、组织和规划，要比完工的蝴蝶花园更重要。

儿童的天性

杜威（1915）对儿童天性的描述，也为我们认识项目活动奠定了基础。杜威将驱使儿童学习的冲动或本能描述为：社交本能（包括语言和交流）、制作本能（也称建造的冲动）、探究本能和表现本能（也称艺术本能）。

社交本能。儿童的社交本能表现为"对话、人际交往和交流"（Dewey, 1915, p.29）。儿童天生想与其他孩子和成人交流，这驱使他们将以自我为中心的个人经历与他人的经历联系起来。杜威（1915）认为，这种交流的本能"也许是所有教育资源中最伟大的"（p.29），教师应该明智地使用它。项目活动最好不要以个体孤立的形式进行，而是在一个学习共同体中开展，这样共同体中的成员可以就所学的内容进行对话和交流。在项目活动中，教师观察、倾听儿童并与他们交谈非常重要。在泰勒老师的班级里，"照相机项目"就是一个通过观察儿童而生成的优秀项目活动案例。这个项目活动始于泰勒老师发现孩子们总是在娃娃家摆弄照相机。当她注意到孩子们对照相机感兴趣时，她问了他们一些问题。照相机成为孩子们之间对话的焦点。孩子们的对话不仅揭示了他们的兴趣，也表明了他们所面临的挑战。记录他们的想法和思路并在小组中再次回顾它们，有助于培养孩子们的交流技能，明确小组对主题和项目的所有权。教师或幼儿的文字记录是这种交流的延伸。例如，在"照相机项目"中，幼儿拆解了照相机，想看看它是如何工作的，然后用零件的插图和名称制作了一面单词墙，以便其他人也能了解它们（关于照相机项目的更多细节，见《培养小小探索家》的第六章）。

制作本能。第二种本能是制作本能——建造的冲动。杜威和维果茨基一致认为游戏很重要。杜威指出，建造的冲动首先表现在游戏、动作和假装行为中。

当儿童创设游戏环境（如邮局、商店等），围绕正在学习的内容设计游戏，以及搭建复杂且巨大的模型或装置（如联合收割机或火炉）时，他们会遇到问题并解决它们。应该使用什么材料来制作一扇可以打开和关闭的门？怎样才能制作一个能转动的方向盘？只有当儿童制作和行动的时候，我们才能看到真正的探究。

探究本能。杜威谈及的第三种本能是探究本能，即探究事物真相的本能。在杜威看来，探究本能是从制作本能和社交本能的结合中产生的。杜威将这种具体的探究而非引发抽象学习的实验描述为幼儿学习的方式。引发抽象学习的实验，如理解化学过程，对幼儿来说没有任何意义。"幼儿对抽象的探究没有什么兴趣。"（p.30）例如，在"照相机项目"中，在实地参观了艺术协会工作室后，孩子们想在教室里的戏剧表演区建造一个暗房，这样他们就可以假装冲洗照片了。这促使孩子们进行了大量的讨论，讨论的内容是：暗房里应该有什么，以及化学显影过程的正确顺序。通过相互讨论、求助于教师和翻看自己做的笔记，孩子们想起他们所观察到的化学显影的顺序、专家分享的信息、每个步骤存在的原因，以及应该如何放置假想的冲洗盘。在这个项目活动中，儿童对显影顺序的探索和最终获得的认识，源于他们想要建造一个真正的能冲洗照片的暗房，而不是对化学过程感兴趣。同样，在之前假设的蝴蝶项目中，儿童的愿望——想找到一种能让更多的蝴蝶飞入户外游戏场地的方法——可能引发他们对蝴蝶花园中的植物进行探索。

表现本能。杜威描述的第四种本能是表现本能，又称艺术本能。杜威说，对幼儿而言，"艺术本能主要与社交本能——讲述和表现的欲望有关"（p.30）。在幼儿参与的项目活动中，我们看到他们通过绘画和雕塑来表现自己与所研究的内容之间的关系。这些表现形式通常非常具体，并可能涉及对活动过程的叙述。作为蝴蝶项目的一部分，儿童画了一幅蝴蝶画，并给它贴上个性化的标签（"我们在黄花上看到的黑色蝴蝶"）而不是科学标签。

教师的作用

杜威指出，教师在项目活动实施过程中扮演促进者和指导者的角色。在许多方面，教师是项目活动中的共同学习者，是学习共同体中的一个成员。根据杜威（1897）的观点，"在学校中，教师并不是要向儿童强加某种观念，或让儿童形成某种习惯，而是作为集体中的一员选择影响儿童的事物，并帮助儿童对这些事物做出适当的反应"（p.9）。

杜威关于教师和学校作用的教育哲学思想有时被错误地描述为：儿童当下的兴趣必须得到迎合，他们可以为所欲为地追求自己喜欢的任何东西。然而，在杜威看来，教师的作用应该更具有指导性。针对这一问题，杜威（1915）描述了教师在追随儿童的兴趣与提供指导方面的两难境地。

> 人们常常问：如果仅从儿童的想法、冲动和兴趣出发，而不管它们多么粗率、随意、散乱以及不够精练和没有精神上的含义，那么儿童将如何获得必要的管教、素养和知识呢？如果除了激发和迁就儿童的这些冲动外，我们别无其他道路可走，那么这个问题问得很好。在这种情况下，我们要么忽视和压制这些冲动，要么迁就它们。但是，如果我们可以布置设备和材料，那么在我们面前就有了另一条路径。我们可以指导儿童的活动，使它们沿着一定的路线前进，并渐渐引导它们达到逻辑上位于这条道路尽头的目标。（p.25）

虽然教师是学习共同体中的一员，但是杜威明确地指出，教师在指导项目活动方面具有重要的作用：教师要布置设备和材料，为儿童提供与专家接触的机会，以及在儿童需要帮助的时候为其提供支持。他还提到了项目活动中的目标制定问题。杜威的另一个观点是，教师要运用有关儿童发展的知识以及社会对知识和技能的需求，确定儿童学习经验的哪些方面是最合适的。杜威（1933）为教师指导项目活动提供了具体的建议：活动应该适应儿童的发展阶段，应该"最有希望让儿童为成年后所需承担的社会责任做好准备"，应该在帮助儿童"养成敏锐观察的习惯和连续推理的习惯"方面发挥最大影响（p.44）。学习经验的组织不能脱离与儿童的联系。教师的作用是经常与儿童进行有意义的对话，认真倾听他们的想法、问题和困扰。教师必须是一个敏锐的观察者。

> 我相信，只有带着同理心持续观察儿童的兴趣，成人才能进入儿童的生活，看到他们准备好了什么，以及他们使用什么样的材料才能轻松且富有成效地工

作。(Dewey, 1897, p.29)

项目活动中的决策制定

杜威在他后来的著作和演讲中,特地描述了需要儿童动手、动脑参与的项目活动(Tanner, 1997)。这些见解有助于教师在项目活动中做出关键性决策,例如,何时选择研究某个主题,哪些专家和资源最有价值,哪些材料和设备最有帮助,等等。杜威的见解在关于项目活动的各种著作中都得到了体现。

主题选择。关于项目主题,杜威非常重视对民主社会中有关成人职业的真实探究。杜威明确地指出,儿童应该了解和学会做的是真实的、有意义的工作。项目的主题必须是有意义的。杜威(1897)认为,"儿童自己的本能和力量为教育提供了素材,并为所有的教育提供了起点"(p.20)。杜威(1915)特别提到了幼儿的天性。

我们都知道,儿童在4—5岁时以自我为中心。当有任何新的话题被提出来时,如果儿童就此说了些什么,那么他们的话一定是"我见过那个"或"我爸爸/妈妈告诉过我"。他们的眼界并不宽广;只有当经验与他们有直接关系时,他们才有足够的兴趣向别人叙述并寻求别人的回应。(p.29)

杜威的思想给我们的启示是,适合项目活动的主题应该来自儿童的经历,同时能将儿童与社会的实际工作和人们所做的事情联系起来。例如,对儿童和家长经常光临的比萨店进行探究就是一个合适的项目主题。学习如何自己制作比萨,设计自己的比萨,并在教室里创设一个比萨店,都是儿童在这次探究活动中可能会获得的学习经历。相比之下,像灭绝的动物、哥斯达黎加热带雨林等主题,虽然在儿童生活的某个阶段是值得探索的,但是它们与儿童的世界或儿童看到的成人所做的工作没有联系。杜威(1897)认为,忽视儿童对自己周围世界的兴趣是没有教育意义的。

除非教育者将教育活动与儿童独立于教育者主动发起的活动相联系,否则教育就会沦为一种来自外部的压力。这种压力确实可以带来某些外部结果,但

它不具有真正的教育意义。(p.20)

专家和实地参观的作用。资源丰富的项目探究活动能够使儿童接触从事相关工作的成人，这对于年龄较小的儿童来说是尤其宝贵的体验。成人的参与对儿童的探究活动非常重要。杜威（1915）指出：

> 小孩子会对成人进行观察和思考——成人在做什么、成人如何表现、成人忙于什么以及由此产生的结果是什么……他们的兴趣是个性化的，而不是客观或理智的。他们的思维趋于整体性，因不同的经历而变化，因行动而活跃，因显著的特征（必须有动作以及使用和操作感）而变得清晰。(p.88)

在米歇尔老师的种子商店项目中，成人通过分享自己对种子的了解来回应儿童的兴趣。当地的种子设备公司的一名员工，向儿童展示了如何使用机器对不同的种子混合物进行分类和包装。在泰勒老师的照相机项目中，一名摄影师向儿童解释了照相馆的组成部分，并帮助他们拍摄了正式的肖像照。这些都是成人与他们的世界以及其中的事物建立联系的真实方式。在采访这些成人并与他们互动的过程中，儿童变得生气勃勃、注意力集中。我在许多项目活动中观察到，当儿童对项目主题失去兴趣且缺乏明确的目标时，教师通过让他们接触与这个主题相关的从业者或爱好者，帮助他们获得了新的体验和目标。在项目活动中，教师的作用之一就是确定这些互动的内容、地点和对象。

项目活动中真实物品的使用。在泰勒老师的照相机项目中，拆解照相机以及研究胶片照相机和数码照相机之间的差异成为儿童的兴趣所在。在好奇心的驱使下，他们不仅会进行探究，还会书写、绘画和讨论所学内容。在杜威看来，使用真实的物品和研究真实的过程是重要的考虑因素。坦纳（Tanner，1997）总结道，杜威设想的学习经验与当时幼儿园中的学习经验之间的最大区别可以用"是否真实"来概括（p.31）。杜威担心，为了以儿童为中心，他那个时代的幼儿园倾向于使用人工仿制品，真实的材料和真实的行为并没有成为儿童世界的一部分。杜威认为教室应该由真实的事物构成，儿童的想象力和假想游戏来自这些事物的特征暗示、儿童的联想和期望。这些联系越自然、越直接，儿童的想象力就可能越丰富。例如，用杜威的观点来看，在比萨项目活动中，重要的是使用真正的比萨盘、比萨铲和擀面杖，而不是塑料材质的比萨或用色彩鲜艳的塑料制作的锅碗瓢盆（即使年幼的孩子也知道这些材料不耐烤箱的高温），也不是上面有眼睛和脸部图案的物品。

杜威为项目活动提供了一个相当清晰的愿景。附录 B 中有一个练习，可以用于反思杜威的愿景和你的项目活动。

丽莲·凯兹对强化学习倾向的引领

如果不介绍凯兹和查德的研究（Katz & Chard，1989，2000），以及她们对项目活动的执着追求，那么我们对项目活动理论基础的回顾将是不完整的。我们会在本书中无数次地重温她们的研究。我一直认为，凯兹关于学习倾向的论述对那些试图深化项目活动的教师特别有帮助。凯兹（1993）区分了学业任务和认知目标。幼儿教育课程中的学业任务通常涉及事实性信息和技能，而这些信息和技能是大多数儿童不太可能通过自发性学习或者探索来获得的，如理解数字或字母代表的含义。认知目标则和学习倾向有关，学习倾向是一种心智习惯，它包括各种解释经验的趋向。凯兹提出的心智习惯包括以下内容：

- 理解经验
- 形成理论、分析、假设和综合
- 预测和检验预测
- 发现事物
- 力求准确
- 追求实证
- 把握行动的后果
- 坚持不懈地探寻问题的解决方案
- 推测因果关系

- 预测他人的愿望和感受

凯兹认为，在以上方面，儿童可能具有强烈的意愿并付出努力，也可能没有。教师的作用就是强化儿童的这些学习倾向。在某些方面，加德纳的执行功能（包括目标导向、投入和坚持）与凯兹的学习倾向之间有着密切的关系。这两者都认为，孤立地教授学业知识和技能是不够的，我们应该为儿童提供学习经验，使他们能够形成思维和行为习惯，从而促进他们的智力发展，即成为小小的思考者。

将理论联系实际

促进项目活动中的深度学习是一件具有挑战性的事情。那些认为自己班级中的项目活动不如预期有效的教师，往往会得出这样的结论：这个学习活动更像一个主题课程而不是项目活动。教师面临的挑战在于，必须清楚如何从丰富的主题课程过渡到深度项目活动。本书的第一部分介绍了神经科学、心理学和教育学领域的知识，它们为教师决定如何指导项目活动奠定了理论基础。在本书的第二部分，我们将重温这些知识，继续探讨哪些具体策略和方法可以促进项目活动中的深度学习。

第二部分

支持项目活动中深度学习的策略与方法

第三章　选择最佳主题

教师在推进项目活动的过程中会做出许多决定，但没有哪个决定的重要性可以与主题选择相提并论。选择主题是开展项目活动的第一阶段。图3.1展示了一个项目活动的流程图，该流程图遵循了项目教学法的三阶段进程。严格遵循项目活动流程图的顺序和结构并不能保证项目活动精彩绝伦；然而，项目活动流程图能够帮助教师在项目活动开展过程中更加周到地思考和缜密地反思。我观察到的大多数项目活动中的深度学习是基于这种方式发生的。

第一阶段是主题选择阶段（Helm & Katz，2011；参见《培养小小探索家》的第二章）。教师识别一个可能的主题，围绕这个主题建构自己的背景知识，并收集有关该主题的信息和资源。第一阶段从教师首次考虑这一主题开始，到教师评估儿童的先验知识，斟酌课程目标和标准并思考如何将它们整合到项目中，协助儿童提出一系列有价值的问题，直至全班达成一致意见并准备开展主题探究为止。

在关于深度项目活动的调查（见导论）中，教师表示在他们的课堂上，第一阶段可以持续几天甚至2~3周。有时，项目主题会从儿童自发的兴趣或某次体验中浮现，是一个成熟的主题。当主题确定后，儿童就可以准备进行探究了。然而，更多的时候，主题的选择是一个渐进的过程。在项目活动的第一阶段，教师将某个主题确定为可能的项目活动焦点，然后提供学习活动，以帮助儿童建立共同的背景知识和经验。这样一来，所有儿童都能拥有关于这个主题的知识，而非只有少数儿童了如指掌，大多数儿童却一头雾水、不知所云。

当教师首次确定一个主题时，这个主题往往比较宽泛和笼统。教师会观察儿童对该主题不同方面的反应，倾听他们提出的问题。随着进一步探究和讨论的进行，这个项目将聚焦于该主题中最让儿童感兴趣的一个或多个方面。主题的方向和紧接着的问题将项目塑造成一项探究活动，这让儿童可以积极地投入其中，深入地参与研究。

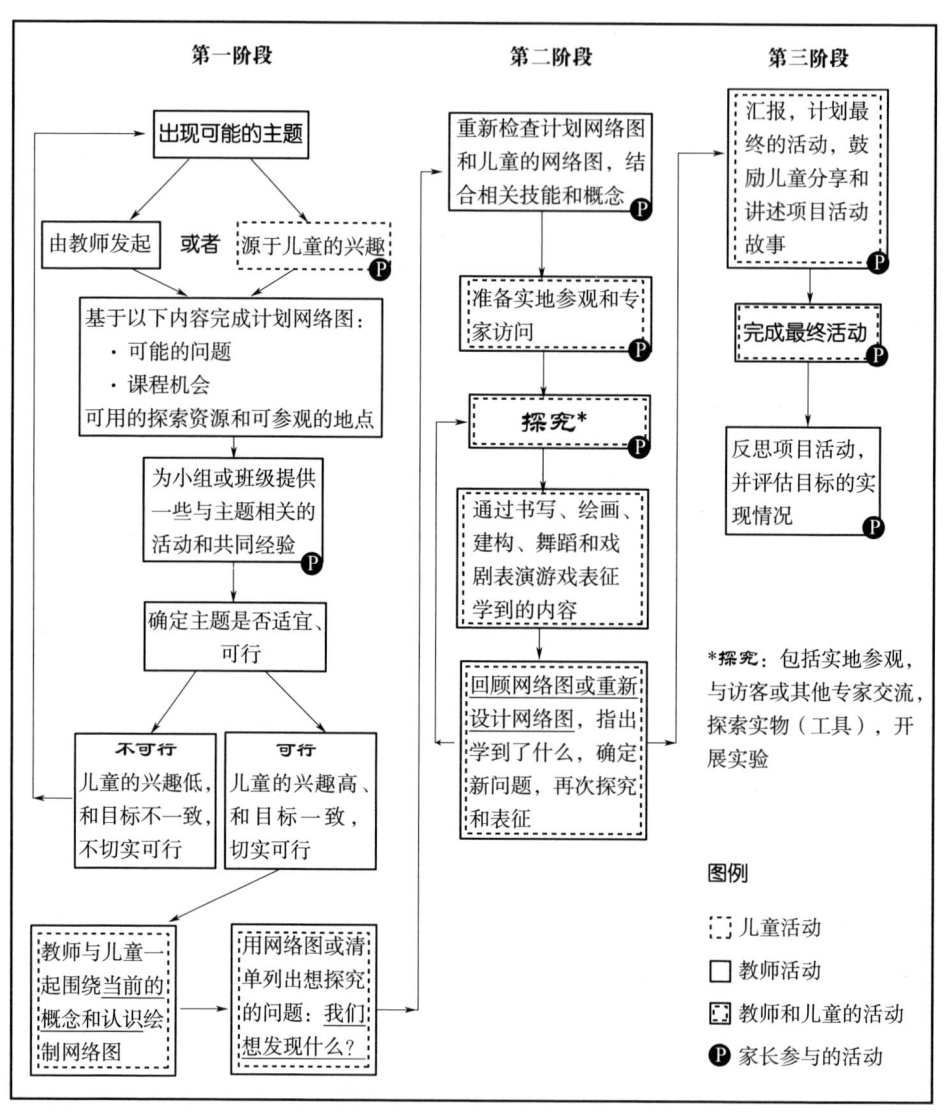

图 3.1 项目教学法的三个阶段

例如,儿童在操场上看到一条蛇,并且目睹成人捉住了这条蛇。这一意外事件吸引了儿童的注意力,引发了他们的一连串问题。教师看到,儿童很快就全情投入这项活动。根据心智、脑和教育科学理论,利用情感投入来激发儿童参与研究和调查的动机是开发心智和大脑能力的一种方法。当儿童对即将学习的内容兴致勃勃且持积极的态度时,其大脑中就会释放内啡肽,从而刺激额叶,让人产生一种兴奋的感觉（Sousa，2011）。这增强了大脑的记忆检索能力，有助于其将短期经验变成长时记忆。利用儿童感兴趣的事物生成的学习活动，能够让儿童将情感与学习内容联系起来。在这个班级中，所有儿童都有同样的经历，他们都看到蛇出现在户外的自然栖息地，然后一路看着它被转移到教室里的一个空水族箱里。因此，在这个项目活动中，教师几乎不需要提前帮助儿童建立背景知识，就可以确保教室里的所有儿童在开展探究之前拥有一定的与这个主题相关的经验，并且产生了兴趣。

有的主题就像蛇的主题一样，自然地出现，或者更准确地说，悄悄地"潜入"班级，引起了儿童的强烈兴趣。随着教师在网络图中记录儿童的先验知识，在清单上列出他们的问题，项目活动的第一阶段很快就结束了。

主题的重要性

参与是项目活动中的一个必要组成部分。参与被定义为"保持注意力"。保持注意力对于培养儿童的心智和大脑能力很重要，它也是大脑执行功能的要素。如果儿童在学习活动中没有集中注意力，那么他们就不会对这些学习活动进行思考（当然，他们可能正在琢磨许多其他的事情，比如，奶奶要来看望他们）。参与能够使儿童记忆、理解和应用他们所学的知识，而这些是更高层次思维的基础。当儿童对某个主题真正感兴趣而不是假装感兴趣时，真正的参与就发生了。真正的参与可以促进儿童的智力发展。当心智和大脑充分参与时，儿童对与该主题相关的事物表现出好奇心和热情。当他们阅读书籍、选择材料、开发游戏主题以及进行表征时，该主题就成为他们思考的焦点。参与到一个主题中的儿童也有动力把事情弄清楚，找到问题的解决方案，或者创造一些与该主题相关的有意义的事物。思考和运用他们所学的知识来创造事物与解决问题，使儿童能够进行深度学习并获得智力上的发展。

不幸的是，如果教师所选择的主题对儿童没有真正的吸引力，那么随后的项目活动也就不太可能激发他们的参与兴趣。这往往导致教师不得不"激发"

儿童对该主题的热情，故意夸大自己对该主题的兴趣，并设计自认为"有趣"的学习活动来吸引儿童的注意力。例如，尽管儿童对鞋子项目并不真的感兴趣，教师还是决定实施一个关于鞋子的项目活动。考虑到有必要让儿童参与进来，她想到了做一些很有趣的事情，例如：让儿童脱掉鞋子和袜子，用脚踩颜料，然后印在纸上，从而形成一幅印有儿童脚丫的画。这个活动对儿童来说是一次愉快的感官体验。儿童注意到他们的脚印的尺寸不同。然而，这个活动过程与鞋子主题关系不大，因为颜料捕捉到的是儿童的脚印而非鞋子。这一活动与鞋子的联系以及儿童对鞋子的学习都是教师强加的。这个活动当然对儿童无害，但它不是项目活动。它不太可能像儿童为自己的问题探寻答案那样，激发儿童的智力参与和深度学习。儿童所做的思考仅限于布鲁姆分类法中较低层次的思考。儿童可能记住和理解这一绘画体验，但他们理解的概念是有限的。他们也可能会应用自己的观察结果。但是，他们不太可能对这个活动进行更深入的分析。另外，儿童的创造力也被教师局限于只能用涂有颜料的小脚丫踩一踩纸。这个例子很好地说明了，一名富有创造力的教师如何绞尽脑汁、竭尽全力地保持儿童的注意力和参与度。

我们不妨将脚印画活动与另一个和鞋子有关的活动进行对比，在这个活动中，儿童探究了发光鞋的工作原理。这一活动发生在美国伊利诺伊州立大学附属儿童保育中心巴布老师的教室里。在这间教室里，儿童对"什么东西让我的鞋子发光？"这个问题很好奇，于是想出了一个办法来寻找答案。他们请求巴布老师把一只旧鞋拆开，然后分析其中的配件，发现里面有一个电池（见照片3.1）。他们不明白电池的工作原理。于是，巴布老师提供了一个手电筒和电池，将它们放在科学区供儿童操作和实验（见照片3.2），然后耐心地等待儿童发现手电筒和发光鞋之间的相似之处。后来，儿童将鞋子的配件与手电筒的零件进行了比较（见照片3.3）。最终，他们对鞋子发光的原因做出了自己的解释。同脚印画活动一样，儿童可能也会记住这段经历。然而，儿童获得的理解和认识要复杂得多。这些儿童不仅了解了鞋子里灯的组成部分及其工作原理，还学习了手电筒中灯泡的工作原理。他们分析了手电筒的工作原理并将该分析应用于

照片 3.1
在儿童的指挥下,巴布老师割开一只发光的鞋子

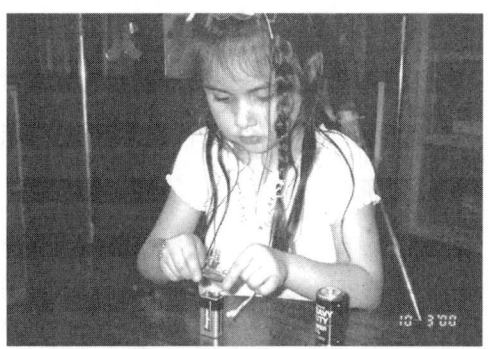

照片 3.2
一名儿童在用手电筒中的灯泡和电池做实验

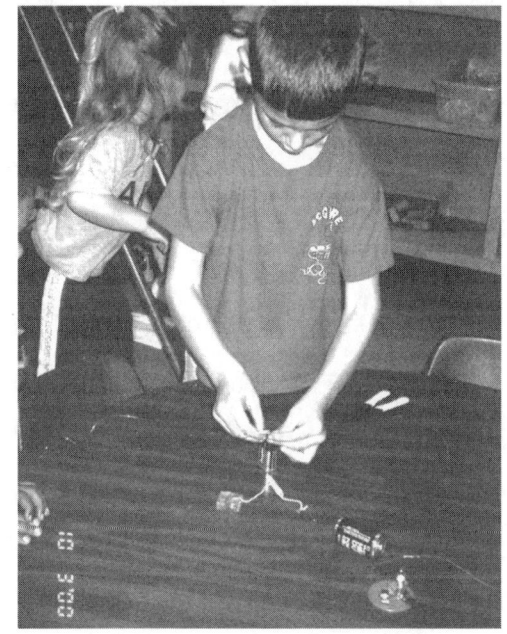

照片 3.3
一名儿童在对比手电筒中的电池与发光鞋里的电池

发光鞋。他们围绕什么是电池和它可以用来做什么,以及为什么鞋子里的电池和手电筒中的电池形状不同等问题创造了自己的朴素理论。此外,他们还就"如何通过踩脚让鞋子里的电路闭合进而发光"创造并检验了自己的理论。

在这一儿童积极参与的学习体验中,巴布老师的作用值得思考。巴布老师观察到儿童的兴趣，并相信这个主题有可能支持儿童的智力发展。她认为，儿童的参与是一次进行更深层次的思考和解决问题的机会。她向儿童展示，他们有能力对某件事进行深度思考并提出自己的想法。比如，她让儿童规划如何把鞋子拆开，以便有可能找到问题的答案。由于儿童没有力量或技能来把鞋子拆开，因此她作为一个成人担任了儿童完成这项任务的助手。在拆开鞋子后，巴布老师原本可以直接向儿童解释鞋子中的配件是如何工作的，但她没有这样做，反而询问儿童的想法。她仔细倾听他们说的话，并评估他们已有的知识。这个过程中的每一步都取决于她对儿童的想法的观察，以及她将如何支持和鼓励他们实现"了解发光鞋的工作原理"这一目标。她重视儿童的问题，也珍惜他们在寻找问题答案时的可爱想法。

这一学习体验始于儿童的参与，而随着儿童的参与，项目活动有所进展。项目主题必须要吸引当时教室里的儿童参与进来。然而，这个主题可能不会吸引另一间教室里的儿童参与其中，甚至不会吸引同一个班级的孩子在其他时候参与进来。

正如第一章所述，积极参与会推动儿童的智力发展。如果项目活动的主题让儿童觉得很有趣，并且项目中的许多元素可以唤起儿童的好奇心，那么儿童更有可能主动进行探究。这样一来，项目活动就不只是让儿童学习某个主题中固有的概念（如蜘蛛和昆虫之间的差异），还有助于儿童了解如何组织自己的学习、满足自己的好奇心以及实现自己的目标。用杜威的话来说，就是儿童可以"学会如何学习"。如果项目主题由教师预先选定并由教师"拥有"，那么项目活动更有可能由教师计划、准备和呈现。在这种情况下，教师会发现自己在"拽着"儿童完成一个项目。这将导致儿童的学习体验在儿童发起话题的主动性和参与决策的程度上，更有可能偏向连续体的左侧（参见图2.1）。项目活动也因此变成一个由教师主导的主题课程，儿童失去了自己设定目标和使用技能来进行学习的机会。他们也不太可能发展"山丘、技能和毅力"（Moran & Gardner，2010）等执行功能。相应地，儿童也就不太可能体会自己的努力所带来的成功或失败，或者获得坚持不懈和灵活思考所带来的回报。当项目主题不能吸引儿童时,他们不太可能体验到阅读、写作和计算技能在帮助他们实现自己的目标方面是多么地有意义和便捷。换句话说,他们不太可能看到这些学业技能与自己的学习相关且有用。此外,推进一个儿童不感兴趣的项目活动,对教师来说可能也是一项艰巨的任务。

对教师而言,找到一个对儿童有意义且引人入胜的主题是一个不小的挑战。如果教师在第一阶段花些时间为项目活动中的深度学习做好准备,那么这个过程会变得容易一些。

准备阶段

创设促进儿童智力发展的环境

教室里的环境会显著影响第一阶段的进程,尤其是教师识别主题的能力。心智、脑和教育科学教学指南中的第一条就聚焦于"学习环境",它指出了在教室里营造认知探究氛围的重要性。具有认知探究氛围的教室是什么样的呢?埃斯皮诺萨(2010)认为,在这样的教室里,"儿童和教师相互尊重、彼此交流,教师对儿童已有的知识进行评估,清楚地了解他们需要知道什么才能更好地学习,以及设计以儿童为中心的动态的学习活动"(p.115)。在幼儿园的教室里,一个促进儿童智力发展的学习环境包括:儿童以尊重彼此的态度进行交谈和倾听,并探究对自己有意义的主题,以及教师制订整体计划,评估和记录儿童对此主题的先验知识。所有这些都保证了教室里的项目活动深入开展。

在一个为学前儿童和小学低年级儿童创设的良好的学习环境中,使用标志和常规来引导儿童的行为和互动方式是一件很重要的事情。一天中有很多时候,教师都需要儿童密切地关注老师正在做什么和展示什么。这需要儿童面对教师,看着物品或注视教师的脸,倾听教师说话,并向教师做出反馈。这通常发生在正式教学期间,例如,当教师为儿童读书或展示一项技能时。对于刚入学的儿童来说,学习如何在这些教学情境中做出适当的反应是一项艰巨的任务。他们需要学会轮流说话、待在自己的座位上、回答教师的问题,并且很多时候需要先举手再发言。这些学业技能都是值得学习的。

然而，深度项目活动往往需要儿童的更多参与，他们不仅要参与口头讨论，还要决定讨论的方向。在项目活动的讨论中，儿童不需要举手等待老师叫他们发言，而是主动回应彼此的问题和评论，质疑他人的想法，并自发地回应微妙的谈话信号（如谈话中的停顿）。儿童可以在项目活动中学习和练习这些谈话技巧。在这些讨论中，教师鼓励儿童自由地分享他们的思考和想法，不仅要倾听和注视老师，还要倾听和注视其他正在说话的孩子。

无论是师生之间的语言互动还是同伴之间的语言互动，都会出现在项目活动中。然而，年幼的儿童通常难以确定哪些互动是适当的。教师可以使用几种策略来培养儿童参与对话的能力。这些策略包括解释、设定期望、树立榜样、调整小组规模，以及考虑人员安排和教室布局。

解释。 如果教师能用儿童理解的方式来解释规则或对他们的期望，儿童就更有可能做出适宜的回应。"要集中注意力！"这句话对年幼的儿童来说意义不大。相较而言，"你的眼睛里看向这里"或"我需要你的眼睛看着我"更容易被儿童理解。"每个人都需要闭上嘴巴，让大家的耳朵都能听到故事"是一个具体的表达。它向儿童传达了他可以做什么，并且清楚地解释了为什么需要这样做。

设定期望。 在项目活动中，当你计划邀请专家来到教室，或者当你准备带领儿童进行实地参观时，设定期望尤为重要。教师可以向儿童解释接下来会经历什么，让儿童知道他们将坐在哪里，来访的专家可能会展示或分享什么，以及他们应何时和如何提出问题。教师的这些解释不仅有助于缓解儿童的焦虑情绪，而且有助于他们对活动产生期待。如果这次经历与以前的经历相似，那么引导儿童回忆之前的经历可能会有所帮助。比如，对儿童说："你们还记得上次约翰逊先生向我们展示了他的蛇，当时我们都坐在地毯上观看的场景吗？明天冈萨雷斯夫人将向我们展示她如何使用缝纫机，并回答大家的问题。我们可以坐在地毯上用我们的耳朵听，用我们的眼睛看，就像我们为约翰逊先生所做的那样。"这将使儿童专注于他们的问题和项目主题。

树立榜样。 教师应该仔细地倾听儿童，就像要求儿童那样做一个专心致志的听众。与儿童一起坐在地板上（可以选择坐在那些最难以集中注意力的儿童身边）倾听，比站在儿童身边监督他们的行为更加有效。教师还可以向儿童示范如何回应其他儿童的评论和问题。在集体和小组讨论中，教师经常犯的一个错误是向其他儿童重复之前某个儿童说的话。为了帮助其他儿童听到之前某个儿童说了什么，教师把自己变成儿童的翻译人员。这可能会导致儿童形成一种习惯性的反应，即在回应其他儿童的评论之前等待教师重复。教师可以通过看着儿童并保持专注来示范如何倾听。如果有儿童没有听到同伴发表的意见，那么教师可以要求那名发表意见的儿童重复自己所说的话。教师还可以向儿童示范如何提问。

调整小组规模。在深化项目活动的过程中有很多小组活动的机会。项目活动鼓励小组活动，因为它不仅可以培养儿童的集体意识，也有助于教师通过"精心安排，使儿童沉浸其中"。教师可能发现，当小组的规模符合小组活动的目标时，儿童在活动中更易获得成功的经验。当需要共读图书、发表小组报告或者需要小组了解项目活动各个方面的最新情况时，教师可以让整组儿童面向教师或者演讲者就座，这种更正式的安排可能最有效。当需要儿童进行对话且每个儿童都有机会分享自己的想法或讨论有待解决的问题时，人数少一点的小组会更好。这样一来，小组中的每个儿童都更有可能参与这些非正式的对话，倾听他人并做出回应。

考虑人员安排和教室布局。如何对儿童进行分组以及将他们安排在哪里，向儿童发出了一个信号，让他们知道教师对他们参与活动的期望。当儿童以大组形式坐在集体活动区并面向教师或者最前方时，即采用剧院式的就座方式时，他们被鼓励专注地倾听位于他们最前面的人（见照片3.4）。当儿童以小组形式围坐成一圈时（见照片3.5），每个儿童都可以看到大家的脸，包括看到坐在圆圈里的教师的脸。这种安排方式鼓励儿童更多地倾听彼此，更多地与其他同伴交谈，更少地仅对教师做出反馈。另外，教室内的布局也可以鼓励儿童参与小组讨论。项目讨论组可能聚集在教室里的另一个区域，而不是在教师主导活动的发生地——集体活动区。对幼儿来说，教室里的建构区或阅读角可用于小组

照片 3.4

帕姆老师让儿童面向她坐在一起开展集体活动，比如，阅读一本大书

照片 3.5

在项目讨论（如这个关于手电筒的讨论）中，帕姆老师让小组儿童面对面坐在一起，这样他们就可以专注地倾听和交谈

活动。对于小学生来说，一张带椅子的圆桌就有很不错的效果。教师还可以向儿童强调项目讨论期间互动方式的变化，例如，教师可以对儿童解释："当我们来到这里讨论项目活动时，每个人都可以发言。我们不用先举手后发言，我们只需要轮流发言。"

教师花点时间教儿童以有意义的方式开展小组互动，从而为项目活动做好准备。这是非常值得做的一件事情，正如俗话所说，"磨刀不误砍柴工"。有效的学习体验具有社会性（心智、脑和教育科学教学指南 5）。当教师为儿童提供社会互动的机会时，他们的学习能力就会得到提升。项目活动是一次绝佳的机会，可以让教师为儿童构建学习体验，以鼓励儿童互动并积极交流彼此的看法和信息。当教师初次确定一个可能的主题时，这将是一次建立有意义的小组讨论常规和集体讨论常规的好时机。儿童的倾听能力以及用有意义的方式与他人交谈的能力，将会深化项目活动，并贯穿于项目活动的探究阶段，延续到儿童决定如何分享他们所学知识的最终阶段。这些讨论还为教师提供了培养儿童元认知能力的机会（心智、脑和教育科学教学指南 9）。定期集合讨论项目活动过程，让儿童得以反思和"思考自己的想法"。3 岁时，大多数儿童对自己的思维过程已经有了一定的了解，能够分辨思考和简单感知之间的区别（Flavell, Green,

& Flavell，1995）。当儿童反思自己的兴趣和对项目主题的独特想法时，他们不仅会练习与项目主题相关的词汇，还会习得有助于表达自己的感受和想法的词汇。这也有助于儿童掌握新概念，并最大限度地巩固记忆（心智、脑和教育科学教学指南3）。

上述策略旨在营造一种促进儿童进行认知探究的氛围，而在这种氛围中，即使是非常年幼的儿童也可以贡献自己的想法，并尊重和回应其他人。在这种情况下，教师可以更轻松地评估儿童对该主题的兴趣和背景知识。当然，这些小组经验不能取代教师与儿童之间持续进行的一对一对话，也不能代替日常活动中教师与一两个儿童之间的自发性讨论。

评估主题的意义

在个别谈话和集体活动中讨论主题的目的之一，是评估这个主题对班级里的儿童是否有意义（心智、脑和教育科学教学指南2）。一个对儿童来说有意义的主题，必须与儿童的生活以及儿童基于自身文化在大脑中建构的神经网络有很强的联系。儿童的大脑通过将新信息与已经熟悉的信息联系起来学习新信息。只有当技能被应用在儿童的生活——无论是现在还是将来的生活中时，这些技能才对儿童有意义，才能被他们真正掌握。为了确定一个主题如何与儿童的生活相联系，教师必须深入了解儿童及其家庭。教师可以通过观察儿童的游戏活动以及倾听儿童与同伴的对话来实现这一点，因为儿童经常跟同伴聊他们周末和家人一起做了什么，以及在放学后和不上学的日子里他们和家人是如何消磨时光的。许多优秀的项目主题，是教师在点心时间、进餐时间和其他非正式时间与儿童聊天时确定的。例如，一组儿童注意到，在学校附近有一些建筑施工设备。在那天上午的点心时间，儿童兴奋地谈论他们所看到的建筑施工设备，以及其他有建筑施工设备的地方。因此，建筑施工设备有可能成为项目活动的一个主题。

正如项目活动流程图的第一阶段所示（参见图3.1），并非所有项目的主题都来自儿童，它们也可以由教师发起。有时，教师能够预见到某一个主题可能会吸引儿童。例如，在有关建筑施工设备的项目活动中，教师得知学校附近有一个建筑工地，于是带着儿童到工地参观。在参观的过程中，儿童对不同的建筑施工设备产生了浓厚的兴趣，并提出了很多问题。这两种方式——对儿童兴趣的非正式观察和由教师设计的"邂逅"——都可以开启一个深入探究的项目活动。

接下来重要的一步是，教师使用以下一种或多种策略来收集和记录儿童有关这个主题的先验知识：

- 就该主题邀请儿童自由讨论，询问儿童的看法；
- 提供机会让儿童画一画他们对该主题的认识，并邀请他们讲述自己的作品，收集和分析作品；
- 在教室里投放材料以激励儿童开展与该主题相关的游戏，并观察儿童的游戏；
- 围绕儿童对该主题的认知创建一张项目网络图；
- 围绕该主题的不同方面创建小的网络图，以确定儿童最感兴趣的内容；
- 围绕儿童所使用的与该主题相关的词汇列一张清单，以确定儿童的背景知识。

除了有助于教师了解儿童的先验知识外，这些策略还可以唤醒和扩展儿童的记忆（心智、脑和教育科学教学指南3），并为儿童提供元认知体验（心智、脑和教育科学教学指南9）。花时间反思并"思考自己对该主题的想法"将使儿童更轻松地掌握新概念。

根据对儿童先验知识的了解，教师可以安排聚焦性活动来帮助儿童建构有关该主题的背景知识，确保所有儿童都对该主题有足够的了解，与该主题建立联系，从而保证该主题对全班每一个儿童都有吸引力。儿童可以通过阅读书籍、讲故事或对物品的探索来建构有关该主题的背景知识，这样一来，所有儿童都有一个彼此连接的知识网。

确定儿童的兴趣

在聚焦性活动和共同的活动开展期间及之后，教师会继续评估这个主题对项目活动的价值。教师会围绕该主题是否容易被儿童理解、是否对儿童有意义以及是否符合主题选择中的其他标准来收集证据。在此期间，教师也在评估该主题的哪些方面最吸引儿童，以及哪些儿童参与了该主题探究的哪些方面。例如，在关于鞋子的主题探究中，有些儿童可能对鞋子的结构、制作方法以及配件名称很感兴趣。其他儿童可能对鞋子本身不感兴趣，但对鞋子生意很感兴趣，尤其是售卖或购买鞋子。项目活动中深度学习的标志之一是儿童有多样化的机会与项目主题建立联系，即心智、脑和教育科学教学指南 7 "精心安排，使儿童沉浸其中"。教师在观察并记录了儿童的参与程度后，既可以缩小主题范围以最大限度地提高儿童的情感参与度，也可以规划学习经验，以便主题的某些方面能够吸引每个儿童。

由于在此阶段教师要有能力来判断儿童的参与度，因此，我们需要先澄清一下，在幼儿园或小学低年级教室中儿童参与活动时会有什么样的表现。大多数教师可以判断儿童是否参与了他们所提供的学习活动。然而，我发现有些教师尤其是新教师可能意识不到或错过了有关儿童参与的线索。以下行为表明，儿童正在积极思考并参与学习活动。

- 眼睛紧盯着物品或材料
- 看着说话的人，热情地参与谈话
- 提问和回答问题
- 陈述他们看到了什么（"看他的眼睛有多大！"）
- 不断靠近，以便看清楚物品或参与和主题相关的活动
- 要求轮流互动（如触摸乌龟）
- 非常安静地坐着或站着，而不是随意走动或容易因其他事物（如地毯上的线头）转移注意力
- 脸上露出喜悦、兴奋、困惑的表情等
- 讲述自己的个人经历
- 花特别长的时间参与和主题相关的活动

照片 3.6
在种子商店项目中，儿童审视自己在树林里散步时收集到的种子。儿童的哪些具体行为表明他们正在参与活动？

当然，要确定儿童的参与程度，教师需要花时间仔细观察和倾听儿童。在照片 3.6 中，米歇尔老师正在仔细倾听一个儿童的描述，这个儿童观察到自己手心里的种子与桌上的种子有很多不一样的地方。另一个儿童也沉迷于这一探索活动，以至于忘记了规则，爬到桌子上凑近了仔细观察。这两个儿童都表现出参与的行为。

通过寻找这类行为，教师可以确定儿童对什么最感兴趣，以及该主题的哪些方面会吸引特定的儿童。这些观察结果和儿童的问题使教师能够计划下一步。

判断主题与儿童的距离

正如前文所述，当项目主题与儿童当前的生活经验相关时，它就为儿童创造了更多将新知识、新概念与已有知识联系起来的机会，从而使新概念的学习变得更容易一些（心智、脑和教育科学教学指南 2）。因此，深化项目活动的一种方法是选择班上儿童最有可能参与的主题，以及增加项目主题与班上儿童的关联性。然而，某个主题吸引儿童的可能性是很难被预测的。不过，教师可以借鉴一些通用的原则。在《培养小小探索家》一书中，赫尔姆和凯兹借用了霍尔特（Holt，1989）的环形图以及他提出的"与自我的距离"概念。该环形图的一个假设是，学习活动与儿童的日常生活——他们的自我概念——联系得越紧密，学习活动就越成功。自从我第一次提出应用霍尔特的环形图来协助教师选择项目主题以来，教师就从中获益不少，它有助于教师选择主题、深化项目活动。出于这个原因，在图 3.2 中，我添加了三个带编号的圆圈，指出了那些更可能让儿童深入参与其中并在某些发展水平上进行深度学习的项目主题。

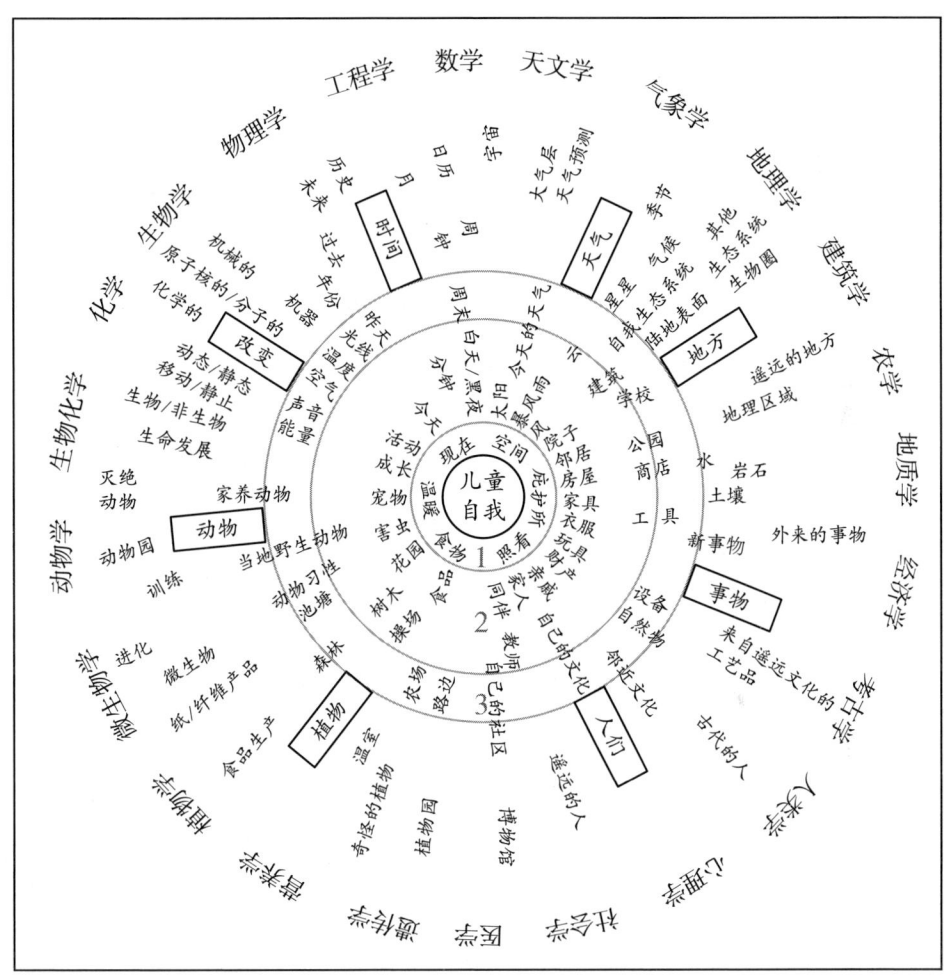

图 3.2　主题与自我的距离图

（Copyright © 1989 NAEYC，经许可使用。）

1. 第一个圈包含学步儿的世界中可能出现的主题。这些主题包括：当下发生的事情，学步儿所在的空间和住所里的事物（家里有什么），用来照料学步儿的物品，学步儿吃的食物，以及学步儿认为可以保持温暖的物品。此外，还有一些项目主题对学步儿特别有效，它们是：美发，学步儿的玩具，盒子，学步儿在日常散步时看到的东西（如树木、汽车、消防栓等），以及他们日常要用的物品（如汽车座椅）。

2. 第二个圈（也包含第一个圈中的主题）包括学龄前儿童周围世界中出现的主题。一些有助于他们进行深度学习的项目主题是：玩具，亲戚，自己的文化，周围的建筑物和商店，他们看到的且正被人们使用的设备，邻居，学校里的成人，他们观察到的植物，操场，当地的野生动物、宠物和害虫。

3. 第三个圈（包括第一个和第二个圈中的所有内容）表明学前班儿童和一年级学生周围世界中出现的主题。能够引发这些儿童进行深度学习的项目主题包括农场、池塘和动物栖息地。这个年龄段的儿童也对温度、声音、空气和光线的变化感兴趣。尽管他们经常对过去发生的事情感兴趣，但他们很难进行独立探究并了解这些事件何时发生。此外，第二个圈中列出的所有主题对这个年龄段的儿童来说仍然是很好的项目主题。

项目活动中的深度学习需要儿童的高度参与和儿童真正自我主导学习的能力。为了能够做到这一点，儿童必须对主题有足够的熟悉度和兴趣，使他们能够思考自己已经知道什么、想知道什么，这样儿童就可以设定自己的目标。如果儿童有关某个主题的经验仅限于教师告诉他们的内容、他们在书中读到的内容或在视频中看到的内容，那么他们的背景知识就会极其有限。

如果一个主题很难与儿童所拥有的其他经验相结合，那么年龄越小的孩子越难真正参与进来。例如，如果儿童没有看见过大海或去过海滩，那么他们就仅限于通过教师提供的有关资源来了解海滩。阅读书籍、观看视频和倾听描述（如教师对大海的描述）提供的是一种间接经验，无法为儿童提供直接观察和体验的机会。这些二手经验缺乏儿童深度参与所必需的丰富的感官体验。儿童的兴趣和好奇心将仅限于教师选择与孩子们分享的那些概念。大海的浩瀚、沙子与波浪之间的关系、海滩环境的复杂性、生存在这些环境中的动植物……如果大千世界中的这些景象仅仅依靠教师带来的资源，那么儿童就很可能错失了解它们的机会。对于生活在美国中西部内陆地区的儿童来说，大海可以被归类为"遥远的地方"，它位于"儿童自我"的外圈（见图3.2）。我们可以把它和儿童所在学校或幼儿园附近公园里的池塘做一对比。在图 3.2 中，邻近的池塘是第二个圈中的主题。儿童可以亲眼观察和探索附近的池塘。

"儿童自我"外圈的主题需要儿童掌握利用间接资源（如互联网、他人撰写的文章或成人绘制的图表）的能力。这要求儿童具备娴熟的学业技能，如阅读理解能力，然后才能进行独立自主的研究。这种以他人的解释为唯一的学习经验的方法，对学前儿童来说并不那么有效，因为他们无法像做中学那样促进智力发展。然而，当这些间接经验（阅读书籍、使用网络资源等）伴随着操作性的、儿童主导的探究（如项目活动中的探究）时，它们就会成为有意义的来源，使儿童能够看到阅读和书写等学业技能的价值。

外圈的那些主题也超出了学前儿童所能理解的时间的范畴。例如，学习有关哥斯达黎加热带雨林和濒危物种的知识需要儿童对时间（年份和历史）和距离（遥远的地方、地区和外来物体）有所了解。对学前儿童来说，一个好的主题应该与他们周围的环境、当下（而非历史）以及自己的经历相关。使用主题与自我的距离图对于教师选择那些能够促进儿童深度探究的主题非常有帮助。这并不意味着教师应该避免阅读书籍、分享他们的经验，或使用电子资源来讨论远离儿童现实生活的主题。教师可以将它们应用于课程的其他部分或一天中的其他时间，这有助于丰富儿童的词汇并发展其背景知识。然而，当主题与儿童的自我保持适宜的距离时，儿童主导的深入探究与深度学习更有可能发生。

使用主题选择指南进行评估

在选择项目主题时，除了考虑该主题是否合适、对特定教室中的孩子是否有意义之外，教师还要考虑许多其他因素。凯兹和查德（2000）提供了一份为任何年龄的儿童规划项目的指南。

《培养小小探索家》的第二章还提供了特别有效的主题选择指南，适用于对阅读和书写还不熟练的幼儿。此外，教师也可以借鉴杜威（见第二章）以及心智、脑和教育科学等领域的学者提出的一些观点（见第一章）。这是一个冗长的清单；然而，选择合适的主题往往是让幼儿在项目活动中进行深度学习的关键。以下是对一些关键点的总结，许多教师认为它们是所有指南中最有帮助的部分。

如果教师对以下大多数问题的回答是肯定的，那么该主题可能会有助于儿童的深度学习。

- 该主题是否立足于儿童的经验，是否有助于他们理解和欣赏自己所处的世界？
- 该主题是否丰富了儿童的经验，以证明为这个主题投入的教育时间是合理的？
- 该主题是否鼓励儿童近距离探索、准确地观察事物？
- 该主题是否为儿童提供了在探究过程中运用各种技能的机会？
- 是否有与该主题相关的经验，可以使儿童发展第二章中描述的学习倾向（Katz，1993）？
- 该主题是否为儿童提供了以各种方式表征他们所学的知识和提升表征技能的机会？
- 这是一个具体而非抽象的主题吗？
- 是否有大量的第一手经验和实物让小探索家们去使用？
- 儿童可以尽可能不依赖成人的帮助而进行自己的研究吗？他们是否可以在不依赖书籍、互联网或视频等二手资源的情况下进行研究？
- 是否有真实的事物让儿童可以直接学习，而不是一味地依赖成人的模型、解释、照片、图画和其他二手资料来了解该主题？
- 附近是否有与该主题相关的场所，以便儿童去实地参访，甚至多次重游？
- 该主题在文化上与儿童及其家庭相关吗？
- 是否有机会让儿童解决自己的问题并进行更高水平的思考，包括分析、评价和创造？
- 儿童觉得这个主题令人着迷、好玩且有趣吗？
- 它是否加深了儿童对课程的核心理解，是否有助于儿童达到与自己年龄相关的标准（如美国《共同核心州立标准》[①]）？

[①] 在中国，教师可以思考该主题是否有助于培养儿童的核心素养，或是否符合我国教育部于2012年10月颁布的《3—6岁儿童学习与发展指南》。——译者注

然而，在所有这些问题中，对于开展真正的深度项目活动最重要的是最后两个标准：（1）儿童对主题的参与程度和兴趣；（2）主题在发展儿童对课程的核心理解方面具有的潜力。

确定课程目标和标准

项目活动是一种课程模式。因此，课程要求是选择主题过程的重要组成部分。遵循项目活动的流程来实施项目活动是实现课程目标的一种方式，但不是唯一的方式。教师还需要考虑主题是否符合官方课程的背景，或是否有助于达成课程标准（如《共同核心州立标准》），这也是主题选择的重要组成部分。

《共同核心州立标准》

美国大多数公立学校都在实施《共同核心州立标准》。如第一章所述，这套涵盖了从幼儿园到高中的学业标准试图就期望儿童学习什么提供一个清晰一致的框架，以便教师和家长知道他们需要做些什么来帮助儿童。《共同核心州立标准》的目的之一是提供与现实世界相关的标准。这意味着如果把儿童教育与现实世界联系起来，儿童就会学得更好。如第二章所述，项目活动正成为人们关注的焦点，因为项目活动可以协助教师实现 21 世纪的核心素养目标。我相信开展项目活动对幼儿园和小学低年级的教师非常有帮助，因为它让教师以一种发展适宜性的方式将国家标准整合到活动中。项目活动的实施流程、第四章中描述的计划过程以及第五章中的提问策略和第七章中的激发手段，都可以帮助教师达成到课程标准，并在他们的教室中为儿童提供参与学习的经验。

附录 C 提供了《共同核心州立标准》中"英语语言艺术"领域的摘要。该表展示了在项目活动实施过程中能自然达成的标准，以及需要教师额外制订一些计划、付出一些努力来整合到项目活动中的标准。附录 D 提供了有关数学领域的类似表格。它们是《共同核心州立标准》中目前仅有的两个适用于幼儿园和小学的内容领域。《伊利诺伊州早期学习和发展标准》（在下文中作为州标准的一个例子介绍）的内容与《共同核心州立标准》的基本要求保持一致。

规定课程与潜在的主题

大多数美国公立幼儿园至小学二年级的课程都有某种形式的规定课程或标准。这些规定的课程或标准所使用的专业术语因学校和州而异。强调特定技能（如解决问题、推理和沟通技能）的标准被称为技能标准（skill standards），它们与儿童正在学习如何做事有关，包括可以被广泛应用于各种情境以解决问题的策略。内容标准（content standards）则列出了儿童在每个年龄段应学习的特定内容，它们界定了每个学科所蕴含的知识，包括每个学科独有的概念，如生命周期的概念。对这个年龄段的儿童而言，需要达成的一个常见内容标准是"了解生物会生长和变化"。这些内容标准指出了儿童应该知道的特定知识，并有助于儿童了解该知识领域的结构和顺序。有时，某一学科的内容标准和技能标准是分开的，例如，科学知识和科学技能。不过，在这个年龄段，两者大多数时候被整合为一套科学标准。

技能标准。 美国幼儿园至小学二年级的一个教育重点是培养儿童的阅读、写作和计算技能。正如杜威所指出的，这些技能是儿童学习如何学习的重要组成部分。了解这些技能的价值并学习如何应用它们，是探究过程和深度学习的组成部分。发展社会情感技能和利用艺术手段进行表达也是儿童在项目活动中需要重点培养的技能。当在幼儿园至小学二年级的教室里观察项目活动中的深度参与和有效实践时，人们会看到大量的有关儿童阅读、绘画、写作、收集数据、计数和进行表征的场景，这些都是项目活动的一部分。儿童在参与项目活动的过程中学习和应用这些技能。无论项目的主题是什么，几乎在所有的深度项目活动中都出现了有关儿童达成了这些学科领域技能标准的记录。也就是说，无论是"种子"等科学类主题，还是"移动银行"等社会研究主题，儿童在项目活动中都达成了以技能为导向的标准。在遵循项目活动流程开展项目活动的过程中（例如，在采访专家的过程中），许多技能标准是自然而然达成的。

此外，当教师提供额外的机会来达成某些规定的课程标准时，这些标准也很容易融入项目活动过程（例如，猜一猜专家可能会说什么或动物可能吃什么，然后记录他们的预测和发现）。

我建议教师仔细地研究和分析他们所需要遵循的标准，以便了解这些标准是由哪些内容构成的，如何轻松地将它们整合到项目活动中，以及如何将它们用于主题选择。例如，《伊利诺伊州早期学习和发展标准》（Illinois State Board of Education，2013）为整个州的教师提供了一种全面的资源，呈现了对伊利诺伊州学前儿童（3—5岁儿童）发展的合理期望。《伊利诺伊州早期学习和发展标准》与《伊利诺伊州学习目标》中的内容并行，并与《共同核心州立标准》中幼儿园部分的内容保持一致。这个标准包括了所有发展领域，因此聚焦完整的儿童。通过项目活动的实施过程，这个标准中的许多条目的达成是水到渠成的。表3.1列出了那些以技能为导向的标准。在项目活动实施过程中自然出现的标准被标记为"√"。通过教师制订额外的计划能很容易地被整合到项目活动中的标准被标记为"+"。这些标准几乎适用于任何主题。

表3.1　伊利诺伊州早期学习和发展标准中的技能标准

> √　在项目活动实施过程中自然出现的标准
>
> +　能很容易地被整合到项目活动中的标准

语言艺术

√　1.A 通过适宜的回应来表达理解。

√　1.B 根据情境和听众使用恰当的语言进行有效的沟通。

√　1.C 使用语言来传达信息和想法。

+　1.D 使用规范的语法来说话。

√　1.E 使用越来越复杂的短语、句子和词汇。

√　2.A 表现出对故事和书籍的兴趣。

+　2.B 识别故事中的关键思想和细节。

√　2.C 了解书籍的概念。

√　2.D 与书本建立个人联系。

（续表）

√ 3.A 识别非小说文本中的关键思想和细节。

+ 3.B 识别非小说类书籍的特点。

+ 4.A 表达对文字的结构和基本特征的理解。

+ 4.B 表达对字母表的初步认识和理解。

+ 4.C 表达对口语、音节和声音（音素）的初步理解。

+ 4.D 展示早期拼读法和分析单词的技能。

√ 5.A 表现出不断增长的写作兴趣和能力。

√ 5.B 使用书面形式来表达想法和信息。

√ 5.C 使用写作的方式来研究和分享知识。

数学

√ 6.A 展示对数字、数字名称和数字符号的初步理解。

+ 6.B 运用加减法创造新数字并开始组成集合。

√ 6.C 开始对数量进行合理的估计。

√ 6.D 使用适当的词语比较数量。

+ 7.A 使用直接比较的方法和非标准单位来测量物体。

+ 7.B 开始估算测量值。

+ 7.C 探索用于测量的工具。

√ 8.A 探索物体和模式。

+ 8.B 使用符号描述和记录模式。

+ 9.A 识别、命名和匹配常见的形状。

+ 9.B 使用适当的词语展示对位置和顺序的理解。

√ 10.A 生成问题和回答问题。

√ 10.B 组织和描述数据与信息。

+ 10.C 确定、描述和验证事情发生的概率。

（续表）

科学

√ 11.A 培养进行科学和工程实践的初级技能，如观察、提问、解决问题和得出结论。

√ 12.C 探索物体的物理特性。

√ 13.A 了解调查和探究时要遵循的规则。

√ 13.B 使用工具和技术协助科学与工程调查。

社会研究

√ 14.C 理解群体做出选择和决定的方式。

√ 14.D 了解个人在群体或社区中可以扮演的角色。

+ 15.B 探究所处环境和世界资源有限的问题。

√ 16.A 探索自身和个人成长史。

身体发育和健康

√ 19.C 在活动期间表现出对规则和安全的理解。

艺术

√ 25.A 探索、开始欣赏和参与艺术活动。

√ 25.B 表现出对艺术某些独有特征的认识。

√ 26.A 了解艺术创作的过程、所用到的传统工具和现代技术。

√ 26.B 了解通过艺术进行表达的方法。

英语语言学习者的母语发展

√ 28.A 使用适合自己的年龄水平的母语，并将其应用于各种社交和学习活动。

√ 29.A 使用母语达到所有学习领域的基准，建立和发展可迁移的语言和读写技能。

（续表）

社会情感发展

√ 30.A 识别并管理自己的情绪和行为。

+ 30.B 认识到自己的独特性和个人品质。

√ 30.C 展示能成功地获得个人和学业成就的技能。

√ 31.A 与同伴和成人建立积极的关系。

√ 31.B 使用沟通和社交技巧与他人进行有效互动。

√ 31.C 能够以建设性的方式来预防、管理和解决人际冲突。

√ 32.A 在做决定时开始考虑道德、安全和社会因素。

√ 32.B 运用决策技巧，承担处理日常学习和社交问题的责任。

+ 32.C 为学校和社区的繁荣做出贡献。

有关这些标准的指南通常会包括一些附加信息，有助于教师计划活动。例如，在《伊利诺伊州早期学习和发展标准》中，标准是很宽泛的，但它们伴随着为特定年龄水平的儿童制定的基准。学前儿童应该达到的基准为教师提供了儿童在学前阶段展示这些标准的具体方式。学前儿童学习标准 11.A "培养进行科学和工程实践的初级技能，如观察、提问、解决问题和得出结论"的基准包括以下内容。

- 通过提问、解决问题和设计物体来表达对世界的惊叹与好奇。（11.A.ECa）
- 通过开发和使用模型（如建构作品、黏土作品）等方法来表征想法、观察和理解。（11.A.ECb）
- 计划并开展简单的调查。（11.A.ECc）
- 从观察和调查中收集、描述、比较和记录信息。（11.A.ECd）
- 使用数学思维和计算思维。（11.A.ECe）
- 通过描述、谈论和思考调查期间发生的事情，从经验和信息中获得意义。（11.A.ECf）

- 形成关于调查的解释，交流想法或结论。（11.A.ECg）

当拥有了这些基准的时候，教师就可以提前考虑项目主题应该包含哪些目标技能。

内容标准。然而，项目活动不仅仅强调学习和应用技能，还需要帮助儿童建立背景知识、达成内容标准。这些内容标准涉及对特定内容领域（如科学或社会研究）的了解和理解。这些内容标准可以作为搜索主题的一个好的起点。同样，伴随这些标准的基准为项目主题选择提供了帮助，因为它们既指定了广泛的研究主题，也可以和许多潜在的主题相联系。下面的示例来自《伊利诺伊州早期学习和发展标准》（Illinois State Board of Education，2013）。

标准：了解生物会生长和变化。（12A）
基准：对生物进行观察、调查、描述和分类，意识到自己身上和环境中发生的变化。（12A.ECa）

标准：了解生物的生存和成长依赖周围的环境或他人。（12B）
基准：描述和比较生物的基本需求，尊重生命。（12B.ECa）

对动植物（如海龟、小狗、玉米和鱼）或动物的栖息地（如池塘、湖泊和花园）进行深入调查，几乎是所有儿童深感兴趣的主题，它们可以帮助教师达成这些标准。《伊利诺伊州早期学习和发展标准》中的社会研究标准和基准（Illinois State Board of Education，2013）也提供了富有潜力的主题。

标准：探索经济体系和劳动力中的不同角色。（15A）
基准：描述一些常见的工作以及做这些工作需要什么（15A.ECa）；讨论人们为什么需要工作（15A.ECb）。

标准：探索交易（商品或服务的交换）等商业概念。（15D）
基准：开始理解通过交易或使用金钱来获得商品和服务。（15D.ECa）

标准：探索环境和人们居住的地方。（17A）

基准：在熟悉的环境中定位物体和地点（17A.ECa）；表达朴素的地理思维（17A.ECb）。

对大多数儿童感兴趣的行业或工作（如兽医）进行深入调查，使教师能够在这些规定的课程领域内为儿童提供相关的经验。另一个为项目活动提供了丰富主题的内容领域是艺术。下面的艺术标准和基准来自《伊利诺伊州早期学习和发展标准》（Illinois State Board of Education，2013）。

标准：探索、开始欣赏和参与艺术活动。（25A）

基准：

- 运动与舞蹈：认识、探索和参与舞蹈和创意运动。（25A.ECa）
- 戏剧：开始欣赏和参与戏剧活动。（25A.ECb）
- 音乐：开始欣赏和参与音乐活动。（25A.ECc）
- 视觉艺术：使用视觉艺术材料探索和参与活动。（25A.ECd）

对特定类型的舞蹈、戏剧、音乐或视觉艺术的研究引发了许多深度项目活动，包括艺术博物馆的发展、舞蹈作品和乐器等。

在幼儿园至小学二年级的教室里，我观察到的大部分深度项目活动都集中在科学、社会研究或艺术领域，并对语言艺术技能和数学思维经验进行了整合。

综合主题

技能和内容的分离有助于教师在课程标准中寻找主题；然而，这种分离更多地存在于成人的头脑中，而不是儿童的头脑中。当儿童开始掌握阅读、写作和计算等基本技能时，深度项目活动潜在主题的多样性就会增加。我们也可以在为更高年级的儿童制定的课程标准中看到这一点。随着儿童技能的提高、背景知识的增加以及象征性思考能力的发展，课程中的技能和内容逐渐融合到了一起。这通常发生在小学三年级，此时儿童不再那么依赖具体的经验并形成了时间意识，他们的视野也变得愈发开阔。

即使在幼儿园至小学二年级的教室中，最好的主题也跨越了许多课程领域，并整合了内容标准和技能标准。

主题选择中的常见问题

霍尔特的主题与自我的距离图（参见图3.2）、儿童的参与程度，以及课程要求提供了一个框架，教师可以依赖该框架来选择有助于儿童进行深度学习的项目主题。但是，在确定主题的过程中，教师通常也会提出不少与主题相关的问题。

缩小主题范围

许多致力于让儿童在项目活动中进行深度学习的教师会考虑的一个问题是，要把主题缩小到什么程度（例如：从餐厅到比萨店，再到位于第五大道的托尼比萨店）。与许多项目活动中的其他问题一样，答案是"视情况而定"。这取决于孩子们的参与程度和这一特定的儿童群体的目标。一般来说，宽泛的主题往往会导致孩子们学习和练习新词的机会较少。例如，在餐厅等宽泛的项目主题中，孩子们可能会集思广益，讨论他们所知道的不同类型的餐厅，如比萨餐厅、中餐厅、外卖餐厅等。在这样一个聚焦于所有餐厅的项目活动中，儿童可能会比较餐厅所提供的服务、餐厅在装修布局上的不同，甚至是菜单的不同。他们倾向于使用已知的词语来谈论和描述这些餐厅，不太可能使用新的特定的词语。他们很有可能拜访或采访几家不同餐厅的专家，并且谈话往往会集中在餐厅的差异上。他们遇到的概念往往是象征性的、不具体的，讨论的内容通常仅限于一个领域，如社会研究。主题越抽象，就越不可能吸引儿童参与其中，也很难为所有儿童提供成功调查的机会（心智、脑和教育科学教学指南7）。

当主题缩小到特定类型的餐厅（如比萨餐厅）时，它就包含了很多可供儿童学习的具体事物，儿童的体验因此变得更加丰富。儿童的讨论可能会更多地聚焦于那些可以直接调查、触摸、操作和用于游戏的物品。在调查比萨餐厅的过程中，儿童会想知道制作、销售和运送比萨的相关知识。他们将了解不同类型的比萨及其配料、不同尺寸的比萨及其测量方法、生产比萨所需的设备，以及如何将它们放入烤箱和从烤箱中取出。该主题还可能进一步缩小，在这个缩小的过程中可能出现的主题包括：位于第五大道的托尼比萨店、制作比萨的过程、比萨烤箱的位置、托尼在哪里订购和储存食材、如何送比萨。当儿童采访比萨店里的专家时，他们会提出更详细的问题，产生新的词汇，特别是关于具体事物的词汇。儿童可以将这些词汇融入每天的游戏体验，从而加强记忆。显而易见，位于第五大道的托尼比萨店对孩子们来说更有吸引力。

项目活动的主题也可能变得过于狭窄。例如，如果主题不是托尼的比萨店，而是比萨，它就会减少儿童学习新词汇（如供应商、库存）、习得课程概念（如买卖）以及跨内容领域（如菜单制作、广告策划等）整合课程目标的机会。

也有一些主题是从孩子们对某一个项目活动主题（如"地图"）的关注范围缩小开始的。地图项目活动发生于泰勒老师所在的班级，当时风把一张地图吹到了操场上。在该项目活动中，儿童从对地图的探索，拓展到探究人们如何找到回家的路。当然，对于一个主题应该缩小或扩大多少，没有明确的答案。但是，有一些经验法则对教师很有帮助。

1. 首先评估儿童对主题和主题中特定板块的参与程度，做笔记并回顾对话内容。
2. 有多少儿童参与到这个主题中？扩大或缩小主题是否会使更多的儿童以不同的方式参与其中？
3. 如果是狭窄的主题，可以将多少课程目标真正融入其中？如果是更大的主题，又可以将多少课程目标融入其中？
4. 有哪些可实地参观的场所，有哪些专家访客是可用的资源？其中哪一个对儿童最有意义？

适宜的指导

教师经常会问：在项目主题的选择方面，教师给予儿童多少指导比较合适？

这又是一个难以回答的问题，因为不同班级的儿童在现有技能、项目活动经验和社会情感需求上差异很大。对于学年伊始的项目主题选择，教师可能会投入很多时间和精力；而次年春季发生的项目活动可能更多地由儿童主导。然而，重要的是要记住，根据杜威的说法，教师可以指导儿童的活动从而实现目标。项目活动是一种课程模式，可以实现课程目标。教师需要对自己班上儿童的学习经验的有效性负责，因此，所选择的项目活动主题可能是实现课程目标的主要决定因素。只要教师记得遵守心智、脑和教育科学教学指南，尤其是那些涉及学习环境、意义、精心安排活动和主动的过程的教学指南，教师就不仅能拓展儿童的知识和技能，还会促进他们的心智和大脑能力的发展。

第四章　完善计划过程

　　项目活动中的深度学习并不是偶然发生的，整合课程目标或达成课程标准也不例外。我在培训教师时发现，许多教师仍然认为在项目活动中整合课程目标是很有挑战性的一件事。在大多数项目活动中，当课程目标自然而然地出现时，教师能很好地识别出它们。教师经常会在整理档案记录或者总结展示时把这些目标重点呈现出来，并在与家长和管理者的交流中强调这些目标。有时，在项目活动的进程中，教师会在忙碌的教学中临时想到将一个目标整合进来。这些都是教师思考课程目标的重要时机，有时候效果很不错。然而，教师可以通过仔细、全面地制订计划来大幅提高课程目标实现的可能性。在关于深度项目活动的调查中，92%的教师说他们有必须要达成的课程目标或标准。然而，只有不到45%的教师说他们会提前计划如何将课程目标融入他们的项目中，25%的教师说他们没有使用计划网络图来进行规划。

　　在观察项目活动实施的过程中，每当我看到教室里正在开展引人入胜、发人深省的项目活动时，我就会找到一些书面证据，证明在项目开始之前教师就已经进行了精心的计划。在那些提供了丰富的机会来让儿童学习必修知识和技能的项目活动中，教师会做大量的计划工作，花费大量的时间斟酌课程目标。这意味着他们会花时间回顾适用于本班儿童的课程标准（如《共同核心州立标准》），并将其作为计划过程的核心部分。在将课程目标合理地整合到项目活动中时，"空想不如实干"。

教师即计划者

　　正如我们在第二章中从杜威那里学到的，为了让儿童获得良好的教育经验，教师必须做好计划和准备。尽管杜威强调项目活动中教师的作用是促进和指导项目过程，但教师仍然是教育的领导者。在当代，强调教师需要积极主动发挥作用的观点，来自美国国家研究委员会提出的关于儿童早期教育的建议。

儿童需要拥有发起活动和追随自己的兴趣的机会，但教师在这些由儿童发起和主导的活动中并不是被动的。同样，在由教师发起和主导的活动中，儿童也应该积极参与和回应。优秀的教师在这两种类型的活动中都会支持儿童的学习。教师还应认识到，儿童不仅会与同伴相互学习，还会从与物理环境的互动中学习。（Bowman, Donovan, & Burns, 2000, p.11）

在项目活动中，教师不仅有机会为儿童提供由儿童发起、主导或者由教师发起、主导的学习经验，还可以创设大量让儿童彼此合作的机会。然而，如果没有教师的精心计划和准备，这些就不太可能发生。另一个建议教师提前做计划的观点来自"意向式教学"（intentional teaching）的相关文献。

意向式教学是指教师在教学时要考虑到儿童发展和学习的具体结果或目标。教师必须知道何时使用特定的策略，以适应不同儿童的学习方式和他们正在学习的具体内容。（Epstein, 2007, p.1）

在项目活动中，教师必须是有意识的，要"有目的、有意识地"仔细观察和倾听儿童，以确定项目实施的方向。教师如果可以有意识地计划一个新的主题，为儿童的学习和发展设定具体的结果或目标，精心设计自己在项目活动中的角色，那么就更有可能为儿童提供深刻、丰富的项目活动体验。有意识地计划包括决定要收集和介绍哪些材料。它还包括围绕主题为儿童计划初始活动，以便帮助儿童建立背景知识、熟悉基本词汇，并学习有关该主题的一些初步概念。正如第五章中进一步讨论的那样，这些初始活动为小小探索家们提供了重要的知识基础，这对年龄较小的儿童来说尤其重要。当这些活动得到了精心计划和实施时，它们也为教师提供了具体的机会来观察儿童对主题的兴趣。

我们可以通过一个假想的鞋子项目活动案例，看看提前计划和做准备的益处是多么明显。一名教师通过认真琢磨儿童在教室里的非正式对话，寻找与儿童的世界相近的主题。最终，教师选择了"鞋子"这个比较宽泛的主题。为了帮助儿童建立关于鞋子的共同背景知识，教师把鞋子投放到娃娃家，并在集体活动时间引导儿童观察和讨论他们的鞋子。教师还预料到儿童会对鞋子之间的差异感兴趣，并为此准备了鞋类目录和关于鞋子的传单。为了让儿童把注意力集中在鞋子的特点上，教师还带了一台照相机，这样如果儿童十分感兴趣，她就可以随时拍下每个孩子的鞋子，以创造一种新的资源。讨论结束后，这些目录、传单和照片被放在图书区。随着讨论的进行，教师利用这些资源来帮助儿童巩固共同习得的词汇。她仔细地倾听儿童的对话，看看儿童对鞋子的哪些方面最感兴趣。

这是在项目活动的第一阶段教师精心策划活动的一个例子，它可能发展为项目活动中的深度学习。这个项目活动主题可能会缩小范围，聚焦于鞋店、修鞋铺或鞋子的制作，甚至将最初的鞋子分类经验扩展到对鞋子配件和材料的更深层次探索。这个项目活动将会变得更深入、更有意义，因为儿童可以使用共同的词汇来开展讨论和提出问题。

这一阶段能够取得成功的另一个重要因素是，教师将课程决策建立在课程标准和规定课程的基础上。她知道科学调查、推理和逻辑思维是她所在州的学习标准的一部分（Virginia Department of Education，2010）。具体来说，她知道班上的孩子需要学会观察物体，根据相似的属性将物体分组，比较物体的长度和数量，并能够在使用五种感官进行观察的基础上提出问题。

将课程标准和主题联系起来

对于一些费尽心思想让项目活动充满活力、绞尽脑汁想让儿童积极参与的教师来说，上述这个假想的鞋子项目活动中的教师具有一定的创造力。大多数教师认为，开展一些讨论活动，让儿童仔细观察鞋子并给鞋子分类，或者读一个关于鞋子的故事，都是很容易想到的事情。将鞋子投放到娃娃家的点子也不难想到。然而，很少有教师会想到引入鞋类目录和传单，或者用照相机来拍摄儿童鞋子的照片。这名教师之所以会想到这些，是因为她在制订计划时很有系统性，并有意将儿童的注意力集中在她所预测的主题上。根据她的观察，她觉得这是最有可能吸引所有儿童参与并引发其对话的主题。此外，她不只组织儿童谈话，还考虑到如何将儿童的兴趣与课程标准相结合。这就是预先计划的好处。

通常，项目活动中发生的深入而丰富的学习来自教师制订的深入而丰富的计划。有一种策略对教师制订这种计划很有帮助，那就是使用计划网络网。我们在《培养小小探索家》一书中对其进行了介绍。这是一个在项目活动开始时制订计划的过程，以预测将课程标准和儿童兴趣进行整合的可能性。对于如何使用计划网络图来增加项目活动中发生深度学习的可能性，下文会详细描述。想要深化项目活动的教师将会发现这个过程很有帮助。不过，能否有意识地制订计划，取决于两个前提条件：（1）教师必须对他们应该教授给儿童的知识和技能了如指掌；（2）教师必须清楚地了解儿童的兴趣和日常经验。

了解课程和标准

教师可以通过一个简单的自我检查来看看自己对规定课程的了解程度：拿出一张纸，按照课程领域（如数学、语言等）分成几个部分，然后凭记忆写出适合班上儿童的课程目标。如果教师不查阅课程指南或手册就写不出这些信息，那么他就不太可能认识到项目主题中蕴含的让儿童实现这些目标的机会，也不太可能在忙碌的项目活动中灵光乍现，临时把这些内容完美地整合起来。例如，如果教师不知道收集和表征数据是一个课程目标，那么当儿童说"使用尼龙搭扣的孩子比系鞋带的孩子多"时，教师就不太可能回应说："我知道一个方法，我们可以把它写下来，这样我们就可以看到数据了。你想让我演示给你看吗？"

如果教师对要教授给儿童的知识和技能没有清晰明确的认识，那么深度项目活动的第一步就是列一个目标清单来解决这个问题。虽然这听起来是最基本的事情，并且人们希望教师已经拥有这方面的信息，但是我的培训经验表明，许多教师并不清楚儿童需要学习的内容和他们要教的内容。因此，预测课程目标整合机会的第一步，就是要获取这些信息。即使教师所在的机构不要求或不期望教师实现特定的课程目标，他们也应该在头脑中为教室里的儿童制定目标。有时，教师可能有学习标准（如《共同核心州立标准》）、指定的数学或语言教材教师手册或儿童成长手册。通常情况下，学习标准是笼统的，但儿童的进步是通过一份更具体的清单来评估的。例如，一个常见的幼儿园课程标准是"使用数字识别、计数和一一对应等概念"，儿童的发展则通过一个包括"认识并写出数字1—30""能够分类"等条目的清单来进行评估。有时，某一课程领域的教材（如一本数学书或阅读书）可能包含额外的知识和技能，而这些知识和技能并不是每个地方的课程方案都要求教授的。之所以出现这种情况，是因为教材出版商将他们认为每所学校可能都需要的内容纳入进来了，这样他们的教材就能适用于大多数的学校。有时，在某一规定的课程中之所以出现某一主题，是为了让儿童了解它，而不是让儿童掌握它。因此，即使手册里有一页关于饼状图的数据分析内容，也不意味着教师有责任教它，更不意味着所有儿童必须在这个时候掌握相关的概念和技能。

在一个机构中，如果教师有规定课程的手册、专门的标准清单和一个用于评估儿童的目标清单（它们可能是协调一致的，也可能是不一致的），那么教师就会发现用一个综合全面的目标清单来指导工作更加有效。教师可以把所有要求和它们的来源列成一个综合的清单，然后寻求教研主任的帮助来澄清它们之间的差异。清楚地了解我们要教什么，是至关重要的。教师可以接受有关整合不同课程标准的培训，或者从出版物中找到一些表格，将规定课程与地方或国家的标准联系起来。类似的资源将有助于教师进行这项整合任务，而从这项任务中产生的清单不仅将极大地促进儿童在项目活动中的深度学习，还会简化和改进教师对单元、主题教学甚至儿童自发性学习机会的规划。这是提高教学意向性的一个有力步骤。

有时，你在审视规定课程时会发现，概念的引入有一个特定的顺序。在混龄幼儿的教室里，这通常不是一个问题。然而，学前班和小学课程指南通常按时间顺序排列。教师需要确定是否必须按照特定的顺序介绍知识或技能。通常情况下，顺序是灵活的，因此教师可以在技能对儿童最有意义的时候介绍它们，而不是一味地遵循手册中的顺序。例如，在鞋子项目中，测量脚的大小以确定正确的鞋子尺寸，是与儿童有关的活动。如果学习使用标准测量单位甚至非标准测量单位（如立方体或吸管）属于课程目标，那么此时就是向儿童教授这项技能的最佳时机。预测儿童可能需要学习的技能,然后在儿童需要使用它的时候教给他们,可以最大限度地提高儿童的参与度。即使该技能需要明确的教学,教师也可以在一天中较正式的时间教授,然后将项目活动当作"练习时间",使儿童整合和应用新学习的或之前学到的技能。

通常情况下,当教师需要按照规定顺序教授课程内容时,他可以通过以下五种方式将其整合到项目活动中。

1. 重新安排教学顺序。项目活动中,在儿童感兴趣的时候教授其所需的技能,而不是按照规定顺序等到技能出现时才介绍。这给项目活动带来了儿童的参与感。同样的课程内容,教师也可以在一天中更正式的环节使用它,但应与项目活动中的技能使用发生在同一天或同一周。

2. 在正式教学期间,使用真实的项目活动内容教授技能。例如,在指定用于教授数学技能的小组时间内,幼儿园教师可能会向儿童展示如何制作有关鞋子类型的数据表,而不是将事先准备好的课程活动作为数学活动。这也可能需要教师重新安排教学顺序。

3. 在项目活动中即时教授技能。在儿童进行调查或表征时,利用机会向他们介绍并使用技能。这可能发生在非正式的项目活动时间。

4. 在正式的教学时间教授技能,然后让儿童在项目活动中进行应用和练习。教师可以利用项目活动为儿童提供有意义地使用知识和技能的机会。(如果在项目活动开始之前,教师已经向儿童介绍了规定的内容,那么这个方法就会特别有效。)

5. 记录项目活动中儿童必须掌握的课程目标的达成情况。使用档案记录来证明将课程目标纳入项目活动中的有效性。

所有这些策略都能优化课程,因为儿童是在想知道这些知识和技能并能很容易地看到它们为什么有用的时候学习它们的。换句话说,正是将学业目标与儿童感兴趣的内容联系起来,儿童才能参与到对学业技能的学习中。图4.1说明了如何将儿童感兴趣的内容和课程标准联系在一起。儿童对主题的参与使课程标准变得与儿童相关。

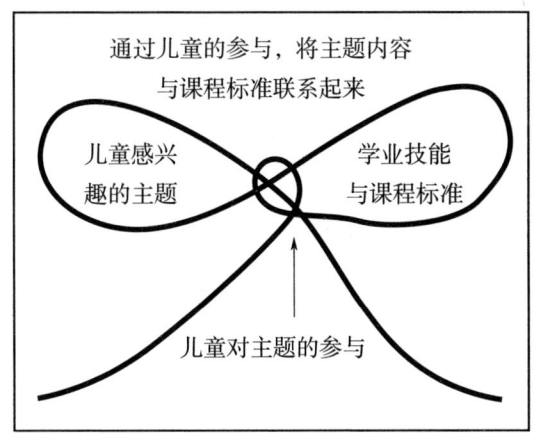

图 4.1 通过儿童的积极参与，主题内容与课程标准紧密联系

了解儿童

如第三章所述，为了有意识地计划项目活动，促使儿童能够深度参与，教师还需要清楚地了解儿童的兴趣和日常经验。仅仅了解课程目标或标准是不够的。当教师围绕他们应该教的内容创建综合列表时，他们可以注意到哪些知识和技能与教室里儿童的兴趣和生活相吻合。换句话说，教师可以仔细考虑课程的哪些方面最有可能吸引儿童。在鞋子项目活动中，教师意识到儿童对自己的鞋子饶有兴趣，这引导她选择开展有助于儿童建立背景知识的活动（项目活动的第一阶段）。她对鞋子差异的了解也使她认为，研究鞋子的不同种类可能是一种让儿童根据属性对物体进行分类的有效方式，可以鼓励儿童与其他孩子进行讨论。

创建和使用计划网络图

一旦教师对规定的课程内容、标准以及儿童的兴趣和日常经验有了清晰的了解，他就可以通过创建一张计划网络图来将这些内容应用于具体的主题。这张计划网络图（由教师完成，而不是儿童）为教师提供了一种根据儿童的兴趣整合规定课程内容的方法。它还使教师能够预测哪些专家或实地参观活动可能是有益的，以及哪些材料或资源是方便获取的。

创建计划网络图是一种生成课程的常见技术（Jones & Nimmo，1994）。它需要教师发挥创造力进行头脑风暴，并为主题中涉及的概念提供一张松散的地图（不是具体的方向）。至于在该网络图中具体探究哪些概念或项目可能的走向，将由儿童的兴趣和儿童在探究中提出的问题决定。教师可以在整个项目活动过程中将这张网络图作为参考，它有助于教师抓住整合知识和技能的机会。

创建一张计划网络图也使教师能够深入地思考自己对该主题的了解，并确定自己所不知道的内容。虽然教师的一个重要角色是成为共同学习者（Dewey，1897），但教师对内容了解得越多，就越能预测适宜的学习经验，避免向儿童传递错误的信息。根据"数学和科学伙伴关系、知识管理和传播网站"（Horizon Research Inc.，2010）的研究，教师所掌握的领域学科知识对实践有许多直接和间接的影响。教师对某一主题的信心会影响他们在项目活动中与儿童的互动。在对不同年级的教室进行的研究中，掌握的学科知识较深厚的教师比知识薄弱的教师更有可能向儿童提出问题，做出其他解释，并引发更多的探究。

创建计划网络图或概念图也与更有效的教学成果有关。它特别适合生成课程。通过其他形式制订的计划往往是线性的。线性计划从目标、活动、方法、策略以及材料准备开始，然后在教室里开展这些活动。这就把教师锁定在计划好的活动中，而不考虑儿童的兴趣或好奇心。这在规划项目活动的过程中并不管用。当使用计划网络图时，教师从一个主题蕴含的概念开始，然后确定项目活动开展的所有可能方向。

在观察项目活动中的深度学习时，我经常对有经验的教师的教学技巧印象深刻，因为他们能够把学术概念与儿童的积极参与巧妙地结合起来。虽然这种临场发挥的教学看起来像是教师对儿童需求的最自然的反应，但在这之前，教师通常已经牢牢把握了课程目标并对主题进行了分析。通过这种方式，教师做好了心理准备，并一直在寻找整合课程目标的机会。例如，在围绕"鞋子之间的不同"开展的谈话中，有个儿童可能会谈论他爸爸鞋子的尺码。因为教师已经预料到有机会把"数字识别"这一课程目标和鞋子尺码之间的差异巧妙地结合起来，所以教师能够立即回应这个儿童，与他聊一聊鞋子的尺码问题。教师可能会问这个儿童："怎样才能在自己的鞋子、老师的鞋子和爸爸的鞋子上找到尺码？"通过这种即时回应，教师将儿童的兴趣与课程目标联系起来。或者，如果教师心目中的课程目标是"收集信息以回答问题"或"比较图表中的数据，确定数量多少和异同"（Virginia Department of Education，2007），那么她可以在儿童兴致最高昂的时候做出反应，建议他们创建一张图表来比较鞋子的大小。在以上每一个案例中，主题中蕴含的概念都是课程目标在鞋子世界中的真实应用机会，而儿童对这个主题的参与和兴趣使教师看到了实现课程目标的可能性。在开始计划项目活动时，通过想象将主题内容与学业技能和课程标准联系起来的蝴蝶结（见图4.1），教师将会发现提供并支持儿童的真实活动变得更轻而易举。

希望深化项目活动的教师会发现，一张更详细的计划网络图将使他们更容易扩展儿童的兴趣，整合国家或地方的课程目标（标准）。下面的内容将一步步指导你创建一张计划网络图。

步骤1：绘制概念图

在这一步骤中，你要预测项目主题可能涉及的概念。首先，用记号笔在空白页的中心位置写下主要的研究主题，并在它周围画一个圈。然后，用同样颜色的记号笔，以网络的形式添加关于这个主题的概念，并用直线将这些概念与中心的圆圈连接起来。例如，"鞋子"这个主题涉及的概念可能包括"鞋子的构成""鞋子的尺码""获取鞋子"（见图4.2）。你得把重点放在有关鞋子的概念上，先不要列出儿童可从事的与鞋子相关的活动。大多数有经验的教师会很自然地联想到过去的一些成功活动经验，虽然不联想这些活动经验很难，但是如果你能首先集中精力确定主题中的那些基本概念，并在看到儿童最感兴趣的内容之前不计划活动，那么这样做会更有帮助。

如果你很难列出主题涉及的概念，那么你可以想象一本为儿童编写的书，如《关于鞋子的一切》（这本书不包括与鞋子有关的活动，只包括鞋子本身的内容），并思考在这本书中可能发现的概念。教师们发现，这样做对确定主题涉及的概念很有帮助。

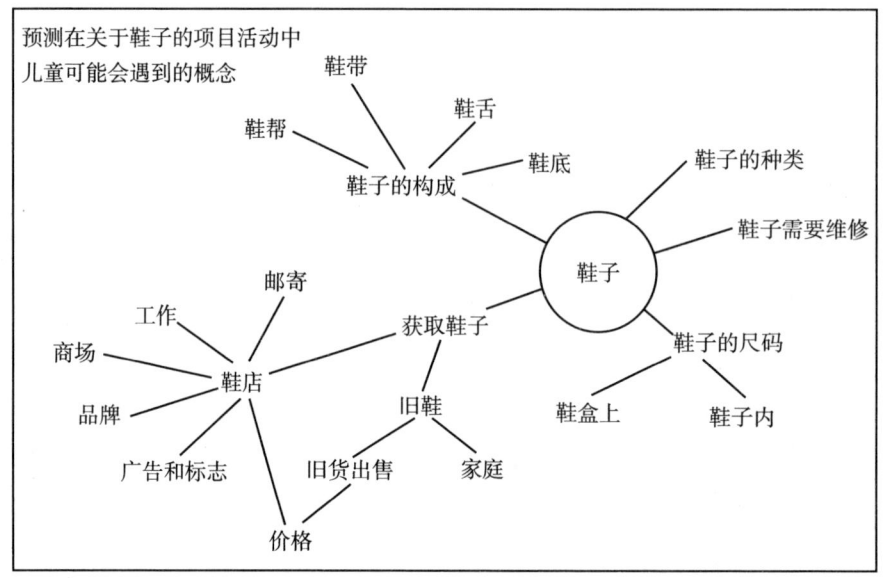

图 4.2 步骤 1：标注与项目活动相关的概念

随着概念图的拓展，你会发现你对自己正在思考的主题了解很多或知之甚少。如果你发现自己对这个主题的了解非常有限，那么你可能想停止计划过程，然后找时间阅读与这个主题相关的内容。例如，儿童可能在操场上发现了一个蝉壳，并因为这一发现而兴奋不已。这个主题很有可能成为一个项目活动的主题，因为儿童高度投入，而且你知道"了解生物需要什么"是一个科学领域的标准。然而，当你制作一张关于"蝉"的概念网络图时，你发现你对它所知廖廖。蝉是一种昆虫吗？那是一个壳，还是蝉的尸体？有什么东西把这只蝉的内脏吃掉了吗？蝉有危险吗？通过互联网做一点关于蝉的研究可以填补你自己知识库中的空白，并且使计划网络图更加丰富，因为你现在已经知道在这个项目活动中可能会出现哪些学习知识、技能和培养品质的机会。

步骤2：确定整合课程目标（标准）的机会

在这一步聚中，你将找到将课程目标（标准）融入项目活动的真实机会。有了知识和技能的综合清单——这份清单包括了你的课程标准和规定课程目标，你现在可以考虑在这份清单中，哪些知识和技能可以与主题中原有的概念自然而真实地联系起来,并将它们用新的颜色添加到网络图上。例如,在"鞋子"这个项目主题中,儿童会用到"数字识别"技能("区分数字和字母,识别一些个位数字"——来自《伊利诺伊州早期学习和发展标准》中的学前儿童基准6A.ECe)。鞋子的尺码、价格、销售标志和库存都需要使用数字。当儿童遇到鞋子的尺码、鞋店、卖鞋和买鞋的概念时,他们就会明白使用数字的必要性,并主动学习和练习使用数字。

一张包含主题概念和课程目标(标准)的计划网络图会提醒你,在项目活动中的哪些地方可能会出现让儿童学习特定的知识和技能的机会。在鞋子项目中,学习的机会可能包括:分辨印在鞋子内和鞋盒上的鞋码,了解鞋店广告或标牌上的鞋价。在这一计划阶段,重要的是你要专注于为儿童寻找机会,让他们有意义地接触知识和技能,而不是开始考虑教师主导的活动。通过在概念网络图上寻找那些与特定的知识和技能(或相应标准的缩写版本)有真实联系的概念,并将那些知识和技能用新的颜色写在概念旁边,例如,在"鞋子的尺码"旁边写上"数字识别"(见图4.3),你就能在下一步为儿童创造适当的、真实的学习经验。

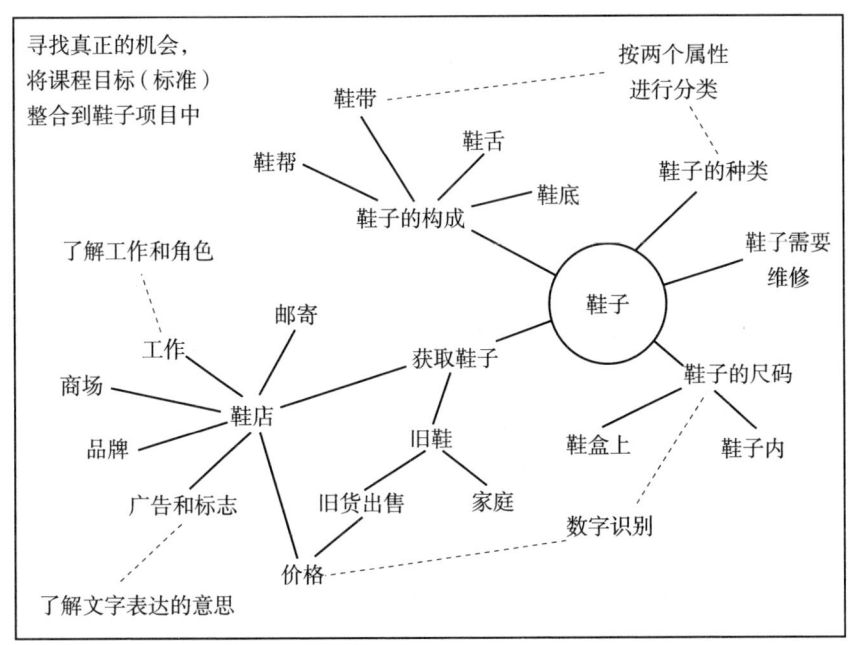

图4.3 步骤2:确定课程目标(标准)自然出现的地方

在这一步骤中,你应该把重点放在识别概念上,而在这些概念中,儿童可能会看到相关的知识和技能是多么地有用。同时,你能发现机会,让儿童自然地应用这些知识和技能。这一步骤的目标是找到主题概念和课程目标(标准)之间的真实交集,这将使儿童看到课程目标(标准)是有意义的、值得掌握的。

步骤3:将主题概念与课程目标(标准)结合在一起

在这一步骤中,你将考虑如何将课程目标(标准)与项目的主题概念联系起来。你会发现,回顾步骤1和步骤2中创建的网络图,并在课程目标(标准)和主题概念相结合的地方画上蝴蝶结是很有帮助的。图4.4显示了教师在不断地思考如何整合课程目标(标准)的过程中所创建的一张详细的计划网络图的大致模样。你可以检查你的网络图,并用一支记号笔将主题概念与知识、技能联系起来。这时候,计划网络图上主题概念和知识、技能相结合的地方用蝴蝶结来表示,表明教师可以利用儿童参与主题的这些机会。

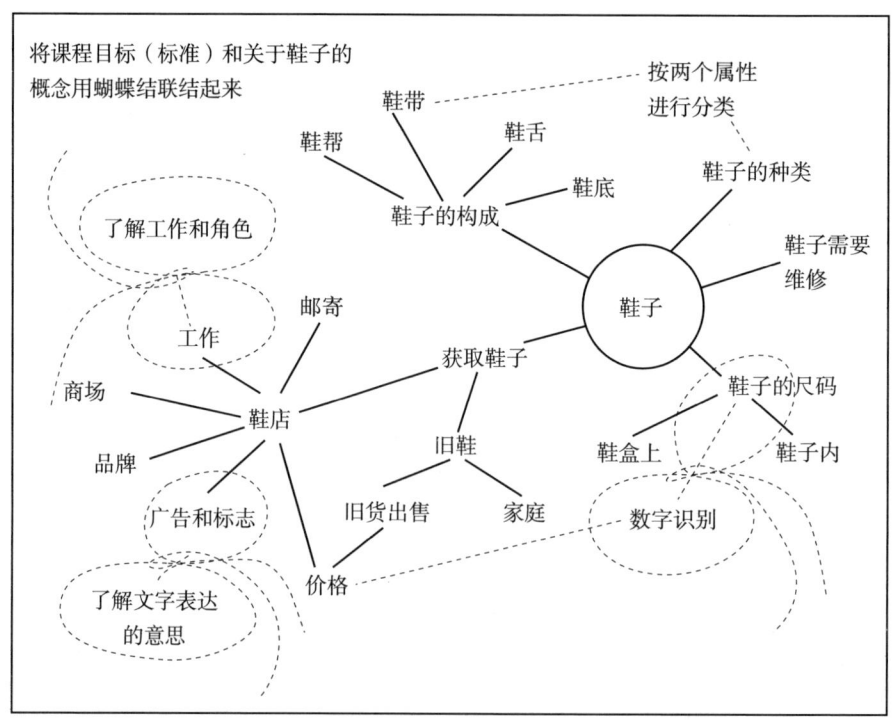

图4.4 步骤3:将主题概念与课程目标(标准)联系起来

步骤 4：确定可能的项目活动

在这一步骤中，你将列出可能的、真实的项目活动来扩展儿童的兴趣，并将课程目标（标准）与儿童感兴趣的内容联系起来。现在，你可以专注于计划那些能推动项目发展且有吸引力的学习活动。在网络图上，你已经用一种颜色表示主题涉及的概念（如"鞋子的尺码"），用另一种颜色表示知识和技能（如"数字识别"），用蝴蝶结表示主题概念和课程目标（标准）的结合点。所以，现在你可以为儿童思考可能真实发生的学习活动，并将这些整合进来。其中一些学习活动可以在项目活动的第一阶段开展，以帮助儿童建立背景知识，确定项目活动的发展方向。你也可以在项目活动的探究阶段利用一些学习活动来回应儿童的兴趣和问题；还有一些学习活动可以在一天中的其他时间（如圆圈活动、阅读时间等）作为教师发起的活动开展。重要的是，你要努力保持这些活动的现实性和真实性。例如，你可以计划向儿童展示鞋子尺码所在的位置，然后像商店里那样按尺码摆放鞋子。虽然这是教师主导的活动，但它是鞋店里真实发生的事情。这个活动向儿童展示了数字的用处，并激发了他们的学习兴趣。他们有可能在家里重复这个活动，开展更多的数字练习。这个活动很可能对儿童有很大的吸引力。

我们可以把这个活动与一个常见的不真实的鞋子主题活动做个对比。在这个不真实的活动中，教师用硬纸板剪了无数双鞋子，并在每双鞋子的其中一只上面画了黑点，在另一只上面写了一个数字。她让儿童通过匹配数字和相应的点数，把纸板鞋子配对。虽然这个活动并无害处，但它不能像上一个活动那样吸引儿童参与，也不能向儿童展示学习数字或在现实世界中使用数字的意义，并且有些孩子需要教师的监督才能完成任务。在教师培训中，这类活动经常被教师谈及并被他们认为是不错的活动。当教师思考以鞋子为主题的项目活动时，他们的思路经常会跑到这一类活动上。在这一步骤通过头脑风暴计划学习活动，而不是在之前的步骤进行，更有助于你产生真实而有意义的点子。预测整合课程目标（标准）的机会将使你准备好导入的活动和材料，并在儿童进行项目活动时与他们进行支持性的互动。

图 4.5 说明了你可以再次使用"蝴蝶结"生成鲜活且真实的学习活动。首先，选择一对主题概念和课程目标（标准），然后思考一个或多个有可能吸引儿童的活动。在蝴蝶结的左侧尾部，你可以列出自己可能做出的改变。例如，思考你可以在环境中做出哪些改变，什么激发手段可能会有所帮助，还可以提出哪些具体的问题，等等。在蝴蝶结的右侧尾部，你可以列出自己对儿童将做什么的期望。图 4.5 显示了这一设计过程的大致样貌。例如，你可以计划用圆圈活动时间让儿童仔细观察和讨论他们的鞋子（环境：观察鞋子的时间）。当儿童观察和谈论他们的鞋子时，你可以问一些问题（问题：男孩和女孩的鞋子是同一个尺码吗？当你挑选鞋子时，你如何得知它有多大呢？），也可以向儿童提出挑战（激发儿童思考：我们如何得知班级中有多少人穿 6 码的鞋？）。

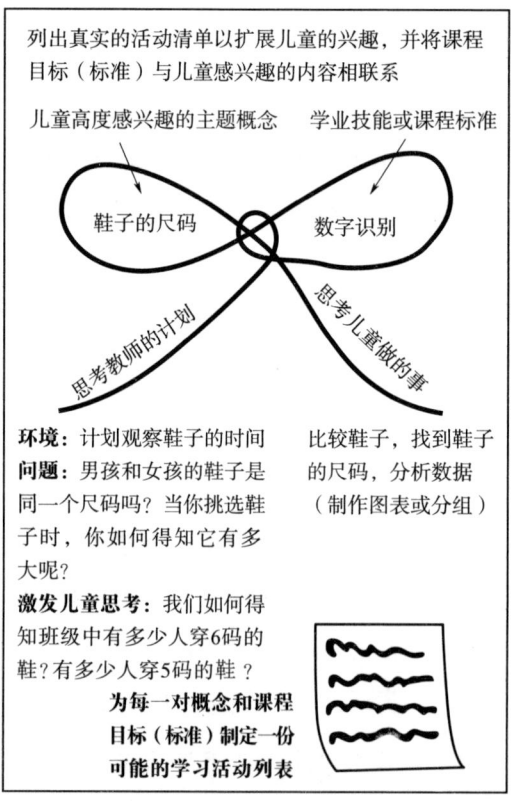

图 4.5　步骤 4：确定最初的项目活动以帮助儿童建立背景知识

附录 E 提供了一张图，供你练习如何将主题概念和课程目标（标准）联系起来。虽然你不可能在绘制的每张网络图中都添加蝴蝶结这样的细节，但思考蝴蝶结的各个部分对你制订计划和回应儿童的参与兴趣很有裨益。大多数教师只是简单地回顾一下网络图上的蝴蝶结，并将可能的活动单独列出来（见图 4.5 的底部）。在项目活动发展的过程中，随着项目重点的转移和新机会源源不断地出现，教师会发现重新审视这张计划网络图很有帮助。重温这张计划网络图有助于你思考，你可以做些什么来深化儿童的经验，扩展他们的思维。

步骤 5：跟随儿童的脚步

在最后一步中，你将根据儿童的兴趣调整网络图。初始的学习活动开展过后，儿童的兴趣开始显现。通过观察儿童在这些初始的学习活动中的参与情况，你可以确定哪些概念是大多数儿童感兴趣的。如果儿童看起来对"修鞋"比"鞋店"或"鞋子从哪里来"更感兴趣，那么"修鞋"就可以成为项目的主题，这样做可以最大限度地提高儿童的主动性、参与度和决策能力。许多教师发现，将网络图中已成为项目重点的部分剪切下来，将其移到网络图的中心会很有帮助。例如，将"修鞋"移到网络图的中心，以提醒你、其他教师或家长注意新主题（见图 4.6）。

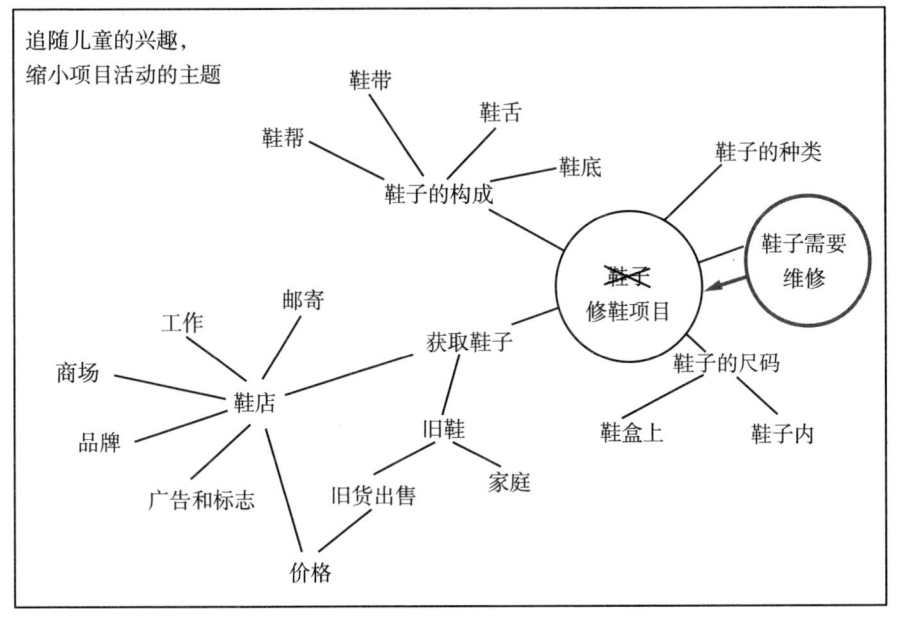

图 4.6　步骤 5：跟随儿童的脚步，缩小项目主题范围

现在，儿童深度探究的是修鞋项目，而不是鞋子项目。计划过程的最后一步，是让主题成为项目，即缩小主题范围以符合儿童的兴趣。缩小主题范围，使之与儿童的参与度相匹配，然后鼓励儿童提出问题并找到答案，接下来跟随儿童的脚步……这样做提高了儿童的决策能力和活动参与度。它使学习经验位于图 2.1 的右端（见第二章）。

当你把儿童感兴趣的主题剪下来移到计划网络图的中心时，许多概念和有意义的知识、技能仍然适用于这个新的、更聚焦的主题。然而，其他概念、知识和技能将被替换、删除，或被转移到另一个新增加的概念上。重要的是，教师要赋予儿童做决策并主导探究的权利，而不是让他们完成你作为教师准备的活动，尽管有时这对教师来说难以接受。在一个小学二年级的教室中，教师预测一个关于鱼的项目活动会以水族馆为重点。结果，孩子们对鱼的身体更感兴趣，于是有关鱼的项目活动变成了关于骨骼的项目活动。通过增加与这个新主题（"骨骼"）相关的概念，以及改变活动来整合不同的课程目标（标准），即使不聚焦于水族馆，教师仍然实现了大量的规定课程目标（标准），学生们也拥有了一个精彩的项目活动。

记住，在整个项目过程中不断地重新审视你的计划网络图，并随着项目的生成与发展不断地进行调整。附录 F 总结了如何创建计划网络图。

制订项目活动的教学计划

关于教学计划和项目活动的一个常见问题是如何将项目活动纳入教学计划。《幼儿活动档案记录与解读》①（*Windows on Learning: Documenting Young Children's Work*, Helm, Beneke, & Steinheime, 2007）一书中提出了三种教学计划格式。第一种教学计划是基于一日作息安排制订的日计划，后两种是使用学习领域制订的周计划。每种教学计划中都有一栏或一部分用于列出本周重点

---

① 其简体中文版已由中国轻工业出版社于 2017 年 8 月出版。——译者注

关注的课程目标和评价目标。这些目标可以是学习领域目标、《共同核心州立标准》或规定课程的目标。周计划表格中的第二栏保证了计划制订的灵活性。这部分空白区域可用于记录项目活动，并随着时间的推移而更新。它包括：为帮助儿童实现特定的学习目标而采取的教学策略，计划好的与项目主题相关的活动，儿童持续数天开展项目活动的机会，以及有关扩展儿童发起的学习活动的计划。以上内容伴随着本章所阐述的计划网络图，它显示了课程目标和档案记录如何与正在研究的项目主题概念相联系。第二栏随着每周时间的推移而填写，它使教师能够对儿童的项目活动方向做出回应。在这一栏，教师可以对每天的观察和档案记录进行反思，并规划材料和学习经验，为第二天的活动做好准备。

教学计划中的第三栏，可以帮助教师思考环境以及教室里日常可用的资源。教学计划中的第四栏可用于规划集体活动、相互交流、分享进步等。最后两栏中的信息将随着项目的推进而更新。

没有人规定你在开展项目活动时，一定要使用这些计划表，因为它们可能不适合你所在的机构。但是，预先计划是有必要的，这样你就能清楚地了解如何在班级里实现课程目标。最好的教学计划是既为教师提供了提前计划和准备资源、材料的机会，又能保持计划制订的灵活性和开放性，以便对项目活动的方向做出回应。

随着项目活动的开展，你将能够决定是在儿童需要知识和技能之前就介绍它们，还是在项目活动过程中引入它们，或者项目活动能否为儿童练习之前习得的技能提供机会（在没有引入新技能的情况下）。对许多儿童和一些项目活动来说，以上策略中的每一种都可能适用。你可能在儿童使用知识和技能之前介绍它们，在儿童使用它们的时候进行演示并提供辅导，然后给儿童足够的时间进行练习。无论在任何情况下，哪怕项目活动朝着一个匪夷所思的方向发展，儿童都能从你精心规划和缜密思考如何将课程目标整合到项目活动中获益匪浅。根据我的经验，没有教师的深入思考，项目活动中的深度学习就不会发生。

第五章 问题，问题，问题

问题是深度项目活动的一个关键组成部分，它贯穿着项目活动的各个阶段。在第一阶段，儿童的问题揭示了他们对某一主题感兴趣的程度，并帮助教师确定了利用这一主题开展项目活动的可行性。问题左右着一个项目活动的方向，决定了一个主题的哪个方面最有可能激发儿童在项目活动中进行深度学习。例如，如果孩子们正在探索农场主题，一直在问关于联合收割机和拖拉机的问题，那么教师就可以看出孩子们最感兴趣、最好奇的东西是农业机械。农业机械就可以成为项目活动的重点内容。随着项目活动的推进，个别问题可以展现出儿童个体对同一主题的不同方面的兴趣。例如，某个儿童可能对联合收割机驾驶室里的计算机格外感兴趣。

当孩子们有一张很好的问题清单或网络图时，这意味着第一阶段结束，第二阶段的探究开始了（参考图3.1）。在计划实地参观活动和选择专家时，教师要回顾和分析儿童的问题。教师根据儿童的问题为他们计划学习经验，可以保证这些学习经验对儿童来说是有意义、有价值的。儿童将提问作为他们与专家——他们在实地参观时遇到的专家和那些参访他们的教室的专家——建立联系的主要方式。当儿童提问时，学习经验就从被动变为主动了。这些问题往往会促使儿童自发地提出更多的问题。重新审视问题也会引发更多的后续问题，并为儿童的探究开辟了新的路径。在第三阶段，教师使用在项目活动开始和结束时捕捉到的儿童问题和答案来评估他们从项目活动中学到的东西，以及项目活动的有效性。聚焦儿童的问题是项目活动的核心特征之一，这一特征使项目活动有别于教师主导的单元课程和主题课程。

问题与"心智、脑和教育科学"

提出问题并找到答案，对于培养儿童的心智和大脑能力有着强大的作用。

关注儿童的问题，能够让教师确保项目活动符合心智、脑和教育科学的大部分教学指南。其中，教学指南 6 与主题选择的联系更为密切，此处先不做阐述。

教学指南

1. **学习环境**。儿童的问题与教师的提问可以为师生之间、同伴之间开展发人深省的对话提供一个框架。为了收集问题，他们之间进行了有趣而真实的对话。项目活动中的问题为儿童提供了"可以谈论的东西"，而预测问题的答案和分享个人理论可以引发儿童之间的激烈辩论。当儿童提出真实的问题时，教师可以清楚地了解儿童想要知道什么，并且让对话以儿童为中心展开，充满了活力。

2. **意义**。对儿童来说，为自己提出的问题寻找答案是一种真真切切的体验。因为儿童是基于自己已知和想知道的内容提出问题的，所以这些问题对他们而言有着特殊的意义。儿童的问题也为教师提供了一种自然的情境，以评估儿童的先验知识，并确定儿童对于这一主题的已有认知（基于自身文化建构的神经网络）。例如，如果一个儿童问"销售员如何知道顾客需要穿多大码的鞋子"，那么教师马上就能知道：这个儿童有一些买鞋的经验，对于鞋子尺码的作用也有所了解。这些信息有助于教师将项目活动与儿童的已有经验联系起来，增加项目主题与儿童的相关性。

3. **记忆**。儿童的问题涉及长时记忆的三个系统：联想记忆、价值承载记忆和生存价值记忆。当儿童提出问题并寻找答案时，他们必须思考自己对这一主题已经了解了什么，即他们与该主题的关联（联想记忆）。如果他们没有关于该主题的先验知识，那么他们就不太可能提出问题。如果教师计划收集真实的问题，而不是一个没有经过深思熟虑、脱口而出的问题清单，那么这些问题必定来自儿童的好奇心和兴趣。它们在情感上可能对儿童有着重要的意义（价值承载记忆），也有助于增强他们的长时记忆能力。教师不应鼓励儿童翻来覆去地问同一类型的问题（例如，消防车有多少扇门？消防车有多少条水龙带？消防车有多少个轮胎？）。当问题和答案对儿童来说很重要时，他们就会动力满满地通过书写或绘画来记录这些问题，并通过收集和分析数据做出回答。这样一来，儿童就会把这些学业技能看作生存技能（生存价值记忆），也把它们当作实现目标的方式。储存和检索信息将成为儿童的思维习惯。

4. **注意力持续时间**。提出问题并找到答案，这一过程本身就很有吸引力。收集、记录和分享答案为儿童提供了反思所学知识的机会。因为问题是儿童自己提出来的，所以他们在寻找答案的任务中会更加专注，坚持更长时间。

5. **学习的社会性**。因为问题是由项目小组收集的，答案也是由小组成员共享的，所以儿童需要沟通和交流并参与到小组活动中。儿童与小组全部成员分享他们的看法和信息，大家共同学习。

6. **精心安排，使儿童沉浸其中**。问题能够确保教师在项目活动中为儿童精心安排深度学习经验。教师可以把儿童的问题作为起点，进而决定应该把哪些学习经验和专家资源纳入项目活动。通过这种方式，教师可以让项目活动适应不同儿童的大脑发展水平和偏好差异。由于问题来自个人，因此每个儿童都可以在自己的认知水平上接近主题，并与主题产生关联。他们根据自己的个人喜好接收和处理新的信息。例如，一个儿童可能会问邮票存放在邮局的什么地方，然后画一个放邮票的抽屉来表征答案。同班级的另一个儿童可能会问关于邮政编码的问题——邮递员如何根据邮政编码把信送到他的奶奶家？他可能对邮区的地图感兴趣，并借助地图来创建一个有关邮政编码的列表。当儿童与全班同学分享他们学到的东西时，教师可以像一个管弦乐队的指挥一样，将每个学习者的优势和技能结合起来，使这个项目活动为所有儿童提供的学习经验最大化。

7. **主动的过程**。为自己提出的问题寻找答案，能够吸引儿童作为学习者积极参与其中，并使参与项目活动成为他们主动而非被动的学习经历。儿童不是被动地听专家讲课，而是会提出问题并通过积极倾听寻找答案。当儿童围绕某一主题提出具体的问题时，他们会努力寻找这些问题的答案。他们在计划如何寻找答案时使用了高阶思维技能。他们会仔细研究实物，观察事物发展的过程，设计实验以及进行调查。当他们得知答案时，他们自主决定如何记录和交流他们学到的东西。如果是年龄较小的儿童，那么他们往往会将学到的东西应用到自己的创造性游戏场景中。通过鼓励儿童提出和回答问题，教师帮助儿童发展了各种探究和表征技能。这些技能将被儿童应用于其他的学习活动中。

8. 元认知。当儿童被问到有没有问题时，他们必须思考自己不知道什么。这就是元认知的开始，即儿童开始"思考自己的想法"。当教师花时间与儿童谈论他们学到的东西（制作清单或网络图）和他们发现的东西（提供方法以帮助儿童展示他们是如何记录或表征问题的答案的）时，教师正在引导儿童关注他们自身的思考。回顾问题清单给予了儿童时间，让他们可以反思自己对新概念的掌握情况。同样的，教师可以问儿童有关他们工作的问题。例如，教师可以让一组儿童解释一下，他们为什么决定使用某些材料进行建构活动。

9. 终身学习。这一条教学指南强调了年复一年学习的连续性特征，而不是按年龄或年级划分学习。每个儿童都处在一个发展和掌握技能的个人旅程中，这个旅程从儿童出生开始，持续贯穿整个成年时期。虽然年龄可以预测一个儿童在发展旅程中所处的位置，但这种预测并不总是适用于每个儿童。例如，人们不会期望一个4岁的儿童能够识别邮政编码、破译邮区地图，并解释邮递员如何通过邮政编码把一封信送到佛罗里达的祖母家。人们不太可能在4岁儿童的发展里程碑或学习基准列表上看到这些技能。在项目活动中，每个儿童作为个体加入其中，无论他们正处于自己成长旅程中的什么位置。正因为如此，对技能和发展的典型年龄预测往往与参与项目活动的儿童不太相关。由全美幼教协会定义的发展适宜性实践（Developmentally Appropriate Practice，DAP）（Copple & Bredekamp，2009）就教师如何为儿童提供与其年龄相适宜的学习经验给予了指导；然而，发展适宜性实践也主张适应儿童个体和团体的发展现状，然后支持每个儿童实现具有挑战性的、可行的目标。教师需要考虑对每个儿童来说，语言和读写技能、对主题的理解以及认知功能中的哪些内容具有个体适宜性和文化适宜性。当儿童提出并回答自己的问题，以及回答教师提出的发人深省的问题时，他们向教师提供了信息，告诉教师他们现在位于持续的学习进程中的哪一处。

提问技巧的提高

乔伊尔纳德（Chouirnard，2007）将提问称为一种信息寻求机制（Information Requesting Mechanism，IRM）。这一机制不仅包括口头提问，还包括手势、表情和发声。信息寻求机制使儿童能够获取信息，同时，它也在儿童的认知发展中发挥着重要的作用。儿童在12个月大时就会使用信息寻求机制。当儿童要求获得信息时，他们正试图填补自己的知识空白，解决他们想法不一致的问题或其他问题。

从儿童发起提问的频率上，我们就可以看出问题对儿童发展的重要性了。根据乔伊尔纳德的研究（2007），提问是儿童与他人进行日常互动的绝对核心。在与成人交谈时，1—5岁儿童每小时会问76~95个问题。提问使儿童能够在他们最需要信息的时候获得它，这使成人能够提供答案或帮助儿童找到答案。这种在儿童恰好需要信息和帮助时为他们提供"及时雨"的做法，使成人能够对儿童的智力发展做出重大贡献。维果茨基认为，当一个成人（在某些情况下，也可能是某个同龄人）能够精准地识别儿童的需求（第二章中描述的最近发展区）时，他就可以给儿童提供一种学习经验，从而鼓励并促进儿童学习（L. E. Berk & Winsler，1995）。幼儿很擅长帮助成人界定他们的最近发展区，因为他们会问一大堆寻求信息的问题，并得到信息量很丰富的答案。如果儿童得到的答案没有包含有用的信息，那么他们就会坚持不懈地问个没完没了。儿童提问的内容与他们的概念发展相一致，且随着交流和发展过程的变化而变化，反映了他们正在学习的东西。问题塑造了成人与儿童互动的方式。在回答儿童的问题时，约有四分之一的成人主动提供了额外的信息。成人也许发现，儿童还不太能针对所需的确切信息提出准确的问题（Chouinard，2007）。荷兰研究人员洛特·亨里克斯（Lotte Henrichs）指出，当3—6岁儿童生活中的成人把他们看作成熟的对话伙伴，并认真对待他们的问题时，他们就为儿童的学术语言的发展奠定了早期基础，这将有助于儿童在未来获得更好的学业成就（NWO，2010）。

儿童提问能力的发展是一个持续不断的过程。对教师来说，了解这一能力的典型发展特点可能会对教育很有帮助。在童年早期阶段，儿童提问类型的多样性不断增加。

- 21—24个月时问"那是什么"的问题。
- 26—32个月时问"在哪里"的问题。

- 37—42个月时问"是……吗"的问题（通过询问来确认信息）。
- 42—49个月时可能问"什么时候""为什么"和"怎么样"的问题。（Linder，2008）

因此，在项目活动中，教师可能发现大多数学步儿的信息寻求机制是手势等非言语信号和发声，有些学步儿也会问"那是什么"之类的问题。在学前阶段，儿童的问题会大致经历"在哪里""什么时候""为什么"和"怎么样"的发展进程。

激发儿童提问

和幼儿一起开展项目活动的最大挑战之一，是为一组幼儿确定最有意义的探究领域。提问或者信息寻求机制，是儿童在项目活动中进行深度学习的关键。然而，从刚刚学会如何提问的儿童那里获得问题并不容易。在观察那些有深度项目活动开展经验的教师时，我发现他们使用了一些非常有效的策略。

建立共同的背景知识

在第三章，我们提供了一些常用的策略（如设定期望、树立榜样、考虑空间布置和小组规模），用于促进教师和儿童围绕某一个主题开展有意义的、发人深省的对话，从而提高有效问题出现的概率。我们也讨论了让儿童聚焦于某一个主题的方法。正如第四章中提到的，在确定了一个主题后，帮助儿童建立一般的背景知识是颇有帮助的。确保教室里的每一个儿童都对这一主题有一定的了解非常重要。我们有时将其称为"摆弄主题"。它可以增加儿童的词汇量，并为一些没有该主题经验的儿童建立知识基础。这一活动发生在项目活动的第一阶段，此时，项目活动与主题教学有一些相似之处，因为活动过程更多是由教师主导的。可以用来帮助儿童建立背景知识的学习经验包括：讲述个人经历，阅读与主题相关的书籍。教师可以使用虚构现实的图书，不过信息类图书是最好的。适合成人或年龄较大的儿童阅读的书籍如果包含照片或图表，那么也可以被纳入其中。实地参观，而不是项目后期的重点参观，也会产生不错的效果，因为它可以帮助儿童熟悉一个主题。儿童还可以观看视频和照片，收集一些物品，或初步画一些画。在为儿童提供足够的由教师主导的学习经验以帮助他们建立背景知识和教师完全掌控项目活动方向之间，有一条明晰的界限。儿童，尤其是年龄较小的儿童，如果没有或只有很少的词汇量和背景知识，就不太可能提出有效的问题来实现项目活动中的深度学习。在由学前儿童参与的深度项目活动中，第一阶段持续了两周后幼儿才提出有效的、高层次的问题是再正常不过的事情。因此，深化项目活动的一个策略就是在这一阶段多花一些时间。当教师看到儿童开始使用与主题相关的词汇，并自发地对主题展开讨论时，这一刻就是正式地记录问题以供探究的黄金时机。

教儿童提问

如果教师已经与儿童建立了对话的常规，并能够与儿童就某一主题进行趣味横生的对话，那么儿童的问题就会像雨后春笋般源源不断地冒出来。这一点对于幼儿园和小学阶段的儿童来说尤其如此。此时，教师就可以提出把问题整理成清单或制作成网络图的想法了。对于学前阶段的儿童来说，以小组的形式整理问题，或教师一次与一名儿童进行对话会更有成效。它将鼓励所有儿童参与进来，而不是只有少数的幸运儿可以加入其中。教师可以将问题清单和网络图结合起来，并在集体活动中分享。

为了从年龄更小的儿童那里获得问题，教师可以观察他们的兴趣以及他们发表的评论，并将儿童的一些想法重构为问题。比如，教师可以问："你想要知道什么吗？""你想知道怎样使用它吗？"之后，教师可以将儿童的话语表述为一个问题。对于新手提问者而言，他可以与个别儿童（如娜娜）私下进行对话，随后再把"娜娜的问题"与小组成员分享，并将其添加到问题清单或网络图上。

教师应当毫不犹豫地提出自己的问题。向儿童示范好奇心是培养他们的好奇品质的最佳方法之一。教师可以通过让儿童关注老师的思考过程来示范好奇心。例如，教师可以说：

- 我想知道什么……（例如，我想知道什么让拖拉机动了起来）
- 我想知道是谁……（例如，我想知道是谁把午餐送到了餐厅）

- 我想知道如何……（例如，我想知道农夫如何把玉米放进谷仓）
- 我想知道在哪里……（例如，我想知道兽医在哪里保存药品）
- 我想知道什么时候……（例如，我想知道牛奶什么时候到达商店）

在演示了以上部分提问方式后，教师还可以把这些问题的主干当作给儿童的提示，即教师开始提问，并在关键时刻停顿下来，例如，"我想知道是谁……"，让儿童知道他们可以帮助教师完成句子。

教师应当毫不犹豫地向儿童提出问题，以直接引发他们的疑问。例如，教师可以问儿童："你认为这是干什么用的？""你觉得这个和那个有什么关系？"教师也可以向儿童展示照片或模型，并提问："关于这个物品，你有什么想知道的吗？"在准备实地参观或专家访问活动时，一个有用的问题是："你想让他告诉我们些什么呢？"

从项目问题的范例中学习

安伯老师来自美国艾奥瓦州克莱夫市信念种子幼儿园（Seeds of Faith Preschool），她带领一个班级（班上儿童的平均年龄为4岁）开展了一个关于蜘蛛的项目活动。该项目活动起源于安伯老师观察到的一幕场景——很多孩子因为在操场上的玩具屋里发现了盲蛛而兴奋异常。有些孩子尖叫着从盲蛛身边跑开，也有一些孩子抓着盲蛛并观察它。这促使他们去探究蜘蛛。安伯老师上网搜索了盲蛛，发现它们并不是真正的蜘蛛。当她与孩子们分享这一结果并展示她找到的信息时，孩子们问道："什么才是蜘蛛？"以下是孩子们在蜘蛛项目活动中提出的更多问题，这些问题可谓是项目活动中经常出现的典型问题。

- 蜘蛛是怎么制作卵袋的？——贾梅、卢克、佩顿、安德鲁、米娅
- 为什么蜘蛛很大？——本、阿比
- 蜘蛛是怎么吃东西的？——乔西、凯尔
- 水蜘蛛是怎么游泳的？——萨姆
- 当出现巨大的噪声如鞭炮声时，蜘蛛会做什么？——凯文
- 蜘蛛如何在热水中游泳？——安娜

- 为什么它们的身体有两个部分?——汤米
- 为什么蜘蛛有八条腿?——格雷厄姆
- 为什么它们的腿有大有小?——布罗林
- 为什么它们有小眼睛?——莫莉
- 为什么它们的嘴前面有钳子?——莱尼
- 蜘蛛有耳朵吗?它们是怎么听声音的?——戴德
- 它们吃自己的孩子吗?——阿迪
- 蜘蛛在秋天会去哪里?——西奥
- 为什么它们躲在草丛里?——露西
- 为什么蜘蛛害怕人?——格里克
- 为什么它们有蜘蛛网?——钱斯
- 为什么它们要建新房子?——谢娜
- 它们吃自己的蜘蛛网吗?——盖布

以上问题表明,因为安伯老师花时间帮助这些儿童建立背景知识(见照片5.1),所以他们已经掌握了不少和蜘蛛有关的知识。在项目活动开展的整个过程中,她持续收集并记录问题,而不仅仅只在项目活动开始时才这么做。因此,儿童的问题超越了"是什么",变成了"为什么""怎么"或"如何"。当儿童讨论并推测答案时,他们也使用了更高层次的思维技能,例如,他们想知道当秋天天气变冷时蜘蛛会去哪里,或者为什么蜘蛛害怕人并躲起来。第六章中也讨论了蜘蛛项目活动,儿童的表征揭示了他们在寻找问题答案的过程中学到了什么。

照片 5.1
为孩子们提供许多探索主题的机会,帮助他们建立背景知识和积累词汇,以提出富有成效的问题

对问题进行分类

通常，教师对儿童问题的第一次回顾会聚焦于儿童对哪方面的内容最感兴趣，以及哪些儿童对哪个领域最感兴趣。为此，安伯老师记录了孩子们的名字和他们提出的问题。确定儿童特别感兴趣的领域有助于教师收集资源，以及选择进班访问的专家和实地参观的地方。一些教师根据子主题将问题分组，以此作为把儿童按照相似的兴趣分组进行实地参观的依据。在幼儿园里，如果儿童每天都可以自由地参加项目活动，并且能够自主改变他们想要参与的项目活动的方向，那么项目活动通常会开展得更加顺畅，并能保持这个良好的势头。教师会总结当天项目活动的可用性，并询问儿童谁愿意做这些工作。这样一来，儿童就能在和主题相关的各种学习经验之间自由出没。在米歇尔老师班上的"种子商店"项目活动中，孩子们就是这样做的。学前班及以上年级的儿童有能力对子主题保持兴趣，并持续数天坚持进行更加复杂的调查和表征活动。他们通常喜欢针对项目活动的某个特定方面组建小组。这些小组负责寻找问题的答案并向全班汇报。

尽管儿童在项目活动中提出的所有问题都很重要，都应该被予以承认和记录，但是，相较于其他问题而言，有些问题对引导项目活动的作用更大。当孩子们学习如何提出问题和寻找答案时，通常会出现一些不是问题的问题或无法回答的问题。在计划如何推动第二阶段的探究活动时，教师花时间对问题进行更彻底的分析和分类是一个很好的起点。希拉·杰利（Sheilah Jelly，2001）对儿童提出的问题进行了分类，这对许多开展项目活动的教师都有帮助。以下是杰利提出的适用于指导幼儿项目活动的一些分类。

- 事实性问题。这类问题（例如，你在哪里找到的那只盲蛛？你的农场里有多少匹马？）无法通过儿童的独立探究来回答，需要依靠拥有相关信息的教师或其他人来给出答案。对这类问题的有效回答包括：如实地回答问题，或帮助儿童询问知道答案的人。如果教师不知道答案，那么他可以这样回答："你认为，我们可以和谁谈一谈来获得这些信息呢？"对于年幼的儿童来说，了解事物的名称是非常有用的。一旦他们知道了事物的名称，他们就可以谈论它，给它下结论，或者要求其他人定义事物的特征。给事物命名能够支持儿童的思维发展。

- 评论性问题。这类问题不是真正的问题，即使它们的措辞看起来像问题（例如，"为什么蜘蛛这么聪明，会织网呢？"）。它们可能是儿童对观察结果的陈述。例如，儿童实际上可能是在说："我看到蜘蛛在织网，织网看起来很难。"有时，它们可能表达了儿童的一种惊叹。例如，儿童可能实际想的是："哇，蜘蛛可以用它们的身体织网。这真是太酷了！"对于评论性问题，教师应该承认它们，并像对待评论一样回应它们（例如，"我也认为蜘蛛能织网真的很酷。"）。如果这个问题确实是一个评论，那么儿童就会因自己的沟通尝试获得了成功而感到开心。如果儿童对这样的回答不满意，那么他常常会重新提出一个真正的问题。

- 探究性问题。对于这类问题，儿童可以通过最有利于他们学习的方式来发现答案。这类问题包含着各种机会，可以让儿童通过触摸、倾听、嗅闻或仔细观察来独立进行探究。它们非常有助于促进儿童在项目活动中的深度学习，同时，教师会发现儿童在对这类问题形成自己的答案时，也发展了许多独立的学习技能。

- 复杂性问题。这类问题需要儿童做出复杂的解释。它们是值得关注的好问题，但教师需要更仔细地斟酌这类问题。它们可能需要教师为儿童提供一些连续的学习经验，然后儿童才能将其连接起来形成自己的答案。教师可能需要将复杂的问题分解成若干小问题，或为儿童提供与专家进行长时间讨论的机会。

对于教师来说，把探究性问题和复杂性问题作为深入探究的机会是有帮助的。这些问题有助于引导儿童在项目活动中进行深度学习。

对问题进行分类，可以帮助教师在促进项目活动发展时决定下一步做什么。项目问题可以被分为几类，教师可以利用这些分类来决定项目活动中下一步行动的最佳方案。照片5.2显示了蜘蛛项目活动的工作展板，孩子们的问题被分类展示。就对深度学习的贡献而言,并非所有问题都有同样的价值,因此在计划深度项目活动时,教师不会给所有问题分配同等的时间和资源。面对儿童的问题,许多刚开始做项目活动的教师的第一反应是去寻找可以回答这些问题的人,或者寻找包含问题答案的二手资料,如图书或视频。通常情况下,专家、图书或网站上的视频可以帮助儿童快速地解答疑问。阅读图书、观看视频,以及与成人互动都是有价值的经验;然而,儿童从中主要是吸收别人所学的东西,因此是一种被动的体验。当儿童的问题变成了"专家的发言提纲"时,项目活动就沦为知识的传递过程。这些经验聚焦于布鲁姆分类法中的较低层次思维技能——记忆、理解和应用。它们对儿童来说当然是重要的学习经验,然而,如果它们是儿童解答疑问的唯一途径,那么儿童的问题对于建构他们的心智和大脑能力的作用就会大大降低,项目活动中的深度学习就不会发生。儿童还有很多其他的方式来寻找问题的答案。当教师花时间分析问题,设计能最大限度地支持儿童主动学习的活动时,项目活动就会变得更有吸引力,对儿童来说也更有成效。

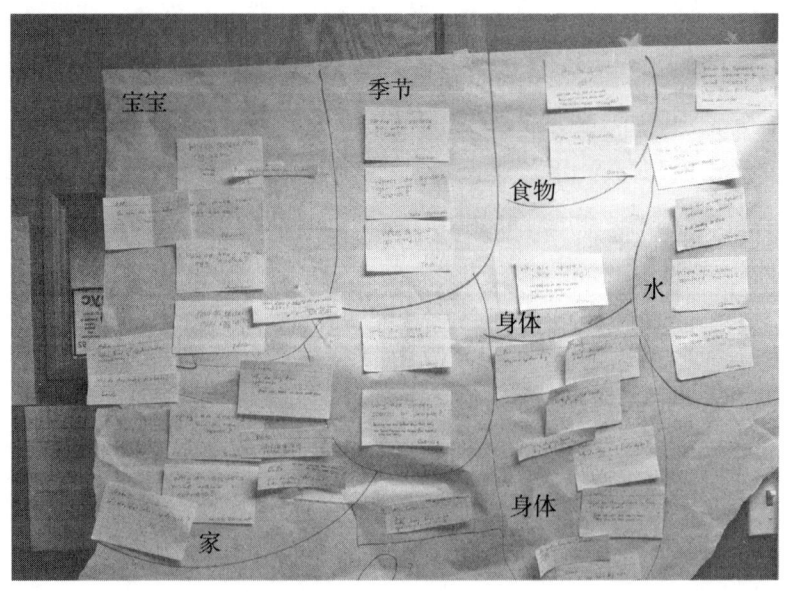

照片 5.2

在蜘蛛项目活动中,安伯老师帮助孩子们把问题分为宝宝、季节、食物、水、身体和家等类别,并把它们张贴在展板上。随着项目活动的推进,孩子们补充了更多的问题

使用问题类别

教师可以把问题抄在纸条或便利贴上,然后按照问题的类型对问题进行分组。这么做不是为了给每个问题贴上正确的标签,就像做研究那样,而是为了帮助教师找到那些能为项目规划提供方向的问题。教师应该寻找那些最有可能促使儿童获得深度的、富有成效的项目经验的问题。在上文提到的蜘蛛项目活动的问题清单中,有许多问题可以被归类为事实性问题。这意味着,儿童需要向他人寻求答案。包含照片的图书或海报可以帮助儿童独立寻找事实性问题的答案,如"蜘蛛有耳朵吗?"。这个问题的答案是:没有。然而,正如这一类研究所揭示的,成人往往不会以"没有"来结束对话,而是把对这个问题的回应当作对更复杂的问题的解释(Chouinard,2007)。成人假设"儿童想知道的是蜘蛛如何听到声音",并进一步向儿童解释道:"蜘蛛没有耳朵,但有对空气流动极其敏感的毛发,用它来感觉声音的振动。"通过这种方式,成人不仅促进了儿童提问技能的发展,也拓展了儿童的知识面。这是让儿童在搜集信息时与专家互动的另一个好处。

一些问题,尤其是那些以"怎么"或"如何"开头的问题,将为儿童提供独立调查以及通过观察蜘蛛找到答案的机会。教师可以通过在蜘蛛的自然生活环境中寻找蜘蛛,并为儿童提供观察蜘蛛的机会来促进这一过程。儿童可以进行观察性绘画,或者把他们看到的事物拍下来或录下来。教师也可以邀请专家把蜘蛛带进教室,并在儿童观察时给蜘蛛喂食。教师还可以看看,在开展项目活动的过程中能否在教室里增加一只养在玻璃箱里的蜘蛛。这些学习经验中的一部分确实出现在了蜘蛛项目活动中。安伯老师还在互联网上找到了有关蜘蛛织网、制作卵袋、移动和进食的视频。尽管看视频不像观察真正的蜘蛛那样有帮助,但儿童还是能看到它们移动和进食的样子。这些学习经验使儿童能够充分利用他们的感官进行探索,并针对他们的某些问题形成自己的答案。

不过,有些问题需要儿童给出更复杂的答案。例如,"蜘蛛在秋天会去哪里呢?"这个问题给孩子们提供了一个做出假设、提出自己的观点的机会。教师可以接着问孩子们:"在秋天,蜘蛛生活的地方会发生什么变化?雪地里会有蜘蛛吗？你认为蜘蛛可能会去哪里呢？"教师可以把儿童的想法写下来，制作成一张答案预测表。即使需要专家介入最后的答案生成过程，孩子们也能体验到更高层次的思维技能，明白他们可以提出自己的想法。在专家回答孩子们的问题之前，孩子们可以和专家分享他们的观点与想法。

大问题，好项目

有时，像"蜘蛛在秋天会去哪里呢？"这样复杂的问题可以成为整个项目活动的重点。克拉丽丝老师所在班上的南瓜项目活动就是一个这样的例子。秋天到了，全国各地的孩子们都在切南瓜、挖种子。这些活动也发生在克拉丽丝老师的大班课堂上，但是孩子们最想热烈讨论、最关注的并不是南瓜里有多少种子，或者给南瓜雕刻什么样的脸。相反，孩子们有一个大问题想要解答："韦伯先生的南瓜怎么了？"孩子们提出了许多关于南瓜的典型问题。他们参观了一个农场，看到了许多不同颜色的南瓜，并学会了如何烘焙南瓜派。这些经历都令孩子们很兴奋，但是最令他们兴奋的事是他们遇到了一个谜团。韦伯太太是幼儿园里的助教，有一天她给孩子们带来了一张有关她丈夫的菜园的照片，并向孩子们解释了她丈夫遇到的麻烦：有小动物在晚上偷吃了韦伯先生的南瓜，因为南瓜上有一些被动物咬过的痕迹。孩子们假设了一些可能的罪魁祸首，并列了一份名单。他们通过调查研究并与专家讨论，渐渐地排除了一些动物，最后他们将名单上的动物数量缩小到五个（见照片5.3）。

当一位自然专家解释说"咬南瓜的肯定是生活在这个地区的动物，而熊并不生活在这里"时，孩子们从名单中排除了熊。他们通过使用平板电脑以及与专家展开后续交流，找出了哪些动物会吃南瓜。孩子们将名单上的动物范围缩小到豪猪、浣熊、狐狸、负鼠和鹿。以下是孩子们的想法以及他们收集这些信息的途径，他们将其写在了纸上。

我们看到动物园里的熊在吃南瓜。（通过平板电脑）

我们看到豪猪在吃南瓜。（通过平板电脑）

狼獾生活在加拿大、阿拉斯加州和密歇根州。（通过平板电脑）

动物园里的大型猫科动物吃南瓜，还玩南瓜。（通过平板电脑）

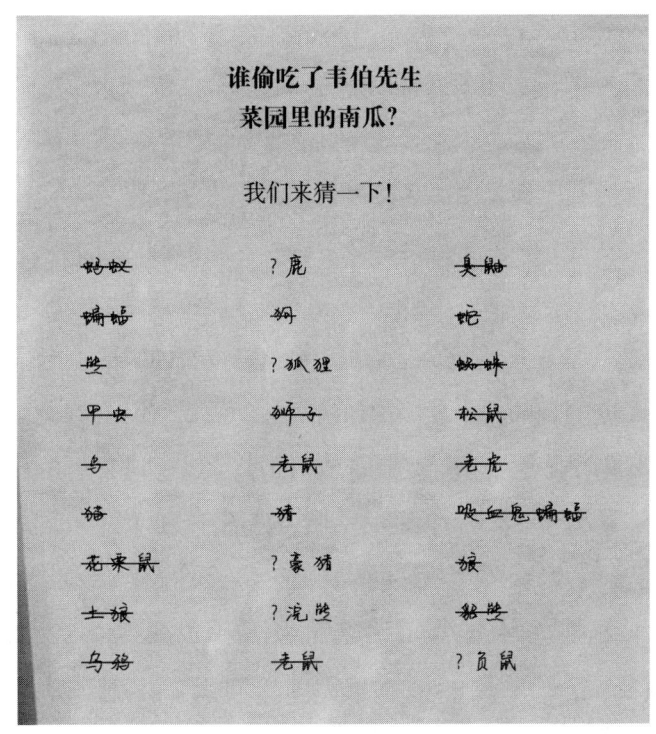

照片 5.3
孩子们缩小了可能偷吃韦伯先生的南瓜的动物的范围

狮子生活在大草原上。（怀亚特给出的信息）
老虎生活在丛林中，而不是树林里。（凯莉给出的信息）
理查森的农场里有许多动物吃南瓜。（农夫瑞安给出的信息）
狼和熊并不生活在莱克县。（莱克县森林保护工作者给出的信息）

放学后，孩子们继续思考南瓜之谜，这意味着他们全心全意地投入探究中，这个项目活动对他们来说已经变得意义非凡。克拉丽丝老师在她的项目活动日志中写道，一个儿童告诉她，自己吃苹果时也在想："我的苹果皮比南瓜皮好咬多了。"另一个儿童说，他和妈妈聊了南瓜之谜，并询问妈妈，她认为谁可能偷吃了南瓜。克拉丽丝老师帮助孩子们总结了他们学到的东西，并把他们的想法记录下来作为一系列线索。

线索 1：这个动物肯定藏在韦伯先生菜园附近的树林里。

线索 2：这个动物在南瓜上咬了几大口。

线索 3：这个动物不是肉食性动物。

线索 4：韦伯先生的菜园位于伊利诺伊州的莱克县。

接下来，孩子们想到了一个好点子——他们也许可以通过观察南瓜上留下的咬痕来弄清楚这是哪种动物。他们通过书本和互联网寻找动物及其牙齿的照片，研究了名单上剩下的几个动物的牙齿。他们观察到，有些动物有尖牙利齿，而有些动物的牙齿很平。孩子们找到了他们认为可以模拟尖牙和平牙的工具（一把叉子和晾衣夹子），继续进行他们的实验（见照片 5.4）。

孩子们认为，晾衣夹子留下的痕迹更像韦伯先生菜园里的南瓜上的咬痕。当克拉丽丝老师与其他教师分享孩子们的活动进展时，一名教师建议他们可以借一台夜视野生动物摄像机，并在夜里把摄像机安装在韦伯先生的菜园里。这真是太令人激动了。他们借到了一台摄像机，最终确认咬南瓜的罪魁祸首是一头鹿。这个项目活动并没有就此结束。孩子们对农夫如何保护南瓜不被动物吃掉很感兴趣，他们从农夫瑞安那里了解到他们保护南瓜的方法。在项目活动结束时，孩子们为韦伯先生制作了一个稻草人，还制作了一本题为《谁偷吃了韦伯先生的南瓜——一份幼儿园调查》的书。

照片 5.4
孩子们用叉子来模拟尖牙动物，弄清楚是谁偷吃了韦伯先生的南瓜

南瓜之谜是一个很好的例子，说明教师如何通过"允许儿童拥有足够的思考时

间形成自己的观点，而不是依靠专家快速地获得答案"来扩展和深化项目活动。它也很好地说明了，教师如何有效地利用技术来丰富而不是阻碍儿童的调查。

收集和记录问题

在收集儿童的问题时，教师发现把这些问题张贴在教室里很有用。即使在托班儿童的项目活动中，张贴问题也有助于教师将注意力集中在儿童的想法上，尽管这些问题只能被教室里的成人阅读。教师可以在创建计划网络图的过程中收集问题，也可以在列清单时收集问题。当然，无论问题是自发出现的，还是被观察到的，教师都要把它们写下来。但在学前儿童和年龄较大的儿童的项目活动中，有时候教师与儿童一起坐下来，正式地制作一张问题清单或网络图很有用。有时，教师将这些问题与提出问题的儿童的名字一起记录下来，这有助于儿童进行分组或组建调查小分队。教师也经常把问题记录在卡片或便条上，这样就可以像照片5.2展示的那样，把问题排列好。这使教师能够看到儿童最感兴趣的领域或将问题分类，以决定项目活动的下一步。

教师可以让儿童思考问题的可能答案，或者预测哪一个答案是对的。这样的挑战是一个让儿童练习高水平思维技能的简单方法。教师可以将儿童的答案记录在他们提出的问题旁边。下面这个案例来自小学，但同样可供幼儿教师借鉴。

尼克老师在其班上的二年级学生开展的"悬崖大道的自然环境"（Cliff Drive Nature）项目活动中，就是这样做的。悬崖大道是密苏里河谷独特的走廊，包括悬崖峭壁、自然植被和野生动物，自然景观很美。悬崖大道极不寻常，因为它紧挨着市中心——一个高度城市化的环境。悬崖大道距离尼克老师所在的学校不到1600米。尼克老师班上的学生对这条自然走廊非常感兴趣，他们中的一些人在开展这个项目活动前从来没有来过这里。这些二年级学生根据他们的兴趣分成几个小组：岩石组、植物组以及悬崖组。他们提出了与各自主题相关的问题，然后寻找问题的答案。在项目活动推进的过程中，尼克老师与各小组进行了交谈，并记录了他们的问题、预测的答案、实际的答案以及这些答案的来源。这种对问题的聚焦使得学生们可以主导自己的学习，并和班上的其他学生交流自己学到的东西。照片5.5展示了尼克老师在教室墙上张贴的悬崖小组的表格。

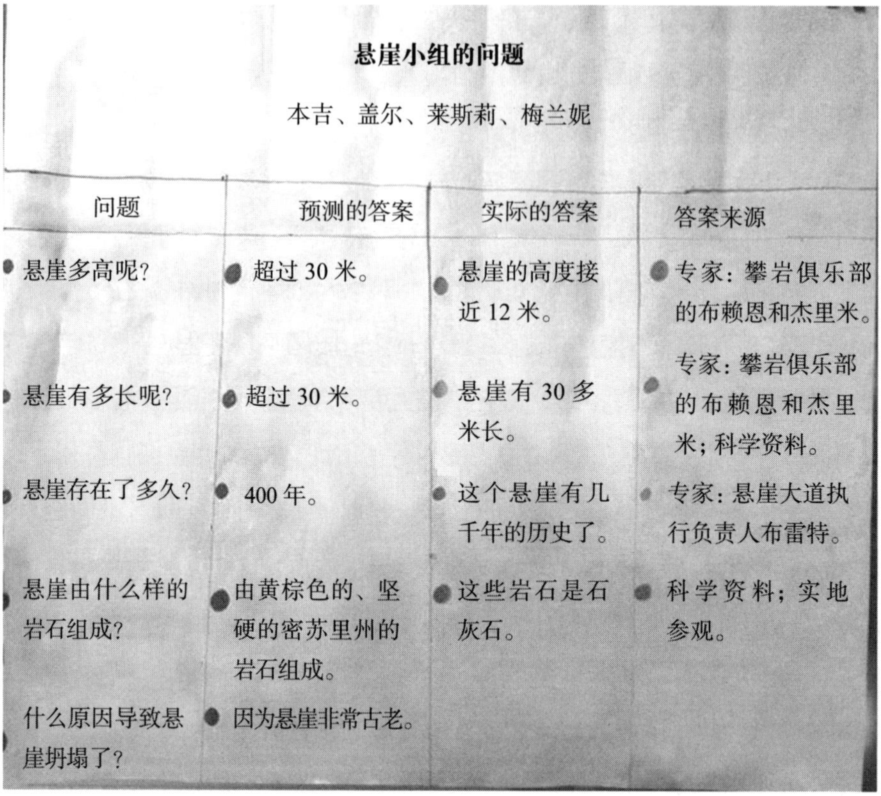

悬崖小组的问题

本吉、盖尔、莱斯莉、梅兰妮

问题	预测的答案	实际的答案	答案来源
悬崖多高呢?	超过 30 米。	悬崖的高度接近 12 米。	专家：攀岩俱乐部的布赖恩和杰里米。
悬崖有多长呢?	超过 30 米。	悬崖有 30 多米长。	专家：攀岩俱乐部的布赖恩和杰里米；科学资料。
悬崖存在了多久?	400 年。	这个悬崖有几千年的历史了。	专家：悬崖大道执行负责人布雷特。
悬崖由什么样的岩石组成?	由黄棕色的、坚硬的密苏里州的岩石组成。	这些岩石是石灰石。	科学资料；实地参观。
什么原因导致悬崖坍塌了?	因为悬崖非常古老。		

照片 5.5

在这张问题表上，悬崖小组记录了预测的答案、实际的答案，以及他们是如何获得这些信息的

项目活动中悬崖小组的表格不仅展示了学生们如何找到问题的答案，还展现了他们如何习得《共同核心州立标准》中为二年级学生列出的具体技能。悬崖项目涵盖了以下课程标准。

- 围绕二年级的主题和文本，与不同的伙伴（同伴或成人）在小组或更大范围内进行合作式对话。
- 讨论时，遵循商定好的规则（例如，以尊重他人的方式获得发言权，认真倾听他人的发言，每次说一个关于所讨论的主题和文本的内容）。
- 通过把自己的评论与其他人的言论相联系，把发言建立在大家谈话的基础上。
- 在讨论过程中根据需要，要求对方对讨论的主题和文本进行澄清和做出进

一步解释。
- 把所朗读的文本、所听到的口头信息或通过其他媒介所获得的信息中的核心观点或细节叙述或描述出来。
- 就发言人所说的内容进行提问和回答,以阐明自己的理解、收集额外的信息以及加深对一个主题或问题的认识。

教师提出的问题

项目活动中的提问并不局限于儿童。教师应该提出自己的问题,因为他们是儿童求知的榜样。当教师为自己的问题找到一个答案时,他们的反应往往是真切地感到心满意足。有时,教师对提问迟疑不决,因为他们认为这毕竟是儿童的项目活动,不能喧宾夺主。一般来说,教师的提问是对项目活动的补充,往往是抛砖引玉,引发儿童提出更多的问题。

不过,教师在项目活动中提出的大多数问题是指向儿童的,以加深儿童对项目活动的思考。有一些一般性的指导原则,不仅可以应用于项目活动,还可以应用在教师与儿童进行的所有有意义的互动中。这些指导原则强调教师应帮助儿童建立对自己思维的认识,即心智、脑和教育科学教学指南9中提到的元认知。多姆布罗、贾布朗和斯特森(Dombro,Jablon,& Stetson,2011)建议教师在与儿童对话时关注彼此的思考,可以运用的策略包括:在与儿童交谈时,使用"思考"和"正在思考"等词语;用手势来暗示思考,如用手指指自己的额头;通过告诉儿童你要问一个问题,让他们做好思考的准备;告诉儿童,你注意到他们正在思考;在提出问题后,给予儿童思考的时间。

刚开始组织项目活动的新教师,有时很难想出一些可以挑战儿童的思维或拓展儿童的学习的问题,因此就错过了在项目活动中促进儿童更深入学习的机会。这种情况在年龄较小的幼儿班级中尤其明显,因为在这样的班级中,教师的大部分思考都是匆匆发生的,或是在监督一个忙忙碌碌的教室时发生的。提出具有挑战性问题的机会,很可能随着儿童活动的转移而转瞬即逝。教师把布鲁姆分类法特别是新修订的认知领域分类法（Marzano & Kendall，2006）作为向儿童提问的框架，是很有帮助的。修订后的层级结构聚焦于儿童的行动，这使得它更容易被应用于项目活动。例如，以前的第一层内容是知识。在修订后的层级结构中，第一层变为记忆。教师可以思考："在这个项目活动中，我可以问些什么来帮助孩子记忆？"问题可能包括"农夫给鸡喂了什么？"或"你能告诉我，我们看到了哪些动物的名字吗？"。提问的结果是，儿童记住并做出了回应。关于如何使用分类法以提出能够帮助儿童学会思考的问题，波尔（Pohl, 2000）提供了一些点子。我对他列出的一些问题进行了改编，以使其适用于幼儿的项目活动。下面呈现了这些问题的主干；也就是说，它们示范了如何开启一个问题。教师可以根据项目活动的内容将问题的剩余部分补充完整。

记忆型问题

后来，又发生了什么？

有多少……？

是谁……？

你能说出……的名字吗？

谁在和……说话？

哪个是正确的，哪个是错误的？

理解型问题

你能告诉我，为什么……？

你会怎样告诉别人……？

你能一步一步地告诉我怎么做……？

首先发生了什么？接下来又发生了什么？

你认为接下来可能会发生什么？

你认为是谁……？

你可以告诉我更多的信息来让我明白吗？

你能画出来吗？这样我就懂了。

应用型问题

你知道在另一个时间（地点）……吗？

你能把这些东西放在一起吗，比如……？（按照特征分组）

如果……会有什么变化？

你会问什么问题？

你能告诉别人如何……吗？

分析型问题

……和……有什么相同的地方？

……和……有什么不同的地方？

为什么……会发生变化？

当……时，你认为肯定发生了什么？

……有哪些问题？

你可以告诉我……和……的区别吗？

……的问题是什么？

评价型问题

你能想出一个更好的办法做……吗？

你认为……是好事还是坏事？为什么？

你觉得对……要做哪些改变？

你相信……吗？如果……你会有什么感觉？

你认为……是合适的方式吗？

对于……你还有什么其他的方法（或想法）吗？

创造型问题

你能设计一个……做……吗？

你能想到一个解决问题的方法吗？

如果你有什么需要，你会……？

你为什么不自己想个办法去……？

如果……会发生什么？

教师应该经常把这份问题清单放在白板或墙上，以时刻提醒自己如何提出更有意义、更有成效的问题。

最终问题

正如我们在本章开头所了解的那样，提出问题是儿童（事实上是我们所有人）发现事物的一种自然方式。即使是牙牙学语的孩童，他们在有问题时也会让我们知道。因此，学校关注儿童的问题应该是自然而然的事情。然而，根据我的经验，事实并非如此。为什么会这样呢？我常常看到，孩子们缺乏提问的机会——问题没有被听到，也"没有被问到"。我的一个教授经常说，没有愚蠢的问题。我完全赞同这一观点。为什么有人会认为某个问题是愚蠢的？怎么能因为某个人问了一个问题就对他进行评判？为什么儿童害怕在学校里提出问题？这些都是教育工作者必须解决的问题。

第六章　多元表征

　　表征是项目活动的一个重要部分。当儿童参与项目活动时，他们以多种多样的方式表征自己的想法。他们可以通过绘画、雕塑搭建积木结构、建造模型、创设游戏环境、创编歌曲、创作故事、制作书籍等方式表达自己的思考过程。这些表达方式通常被称为表征。当我与教师谈论表征时，我喜欢用"演绎（render）"这个词。演绎通常意味着提炼。在项目活动表征中，儿童把他们学到的关于某一主题的知识提炼出来，并与他人进行交流。演绎离不开大量的脑力劳动。要使表征成为演绎，它必须来自儿童的头脑，演绎的内容一定是儿童的想法。

演 绎 想 法

　　意大利瑞吉欧教育的创始人洛里斯·马拉古齐（Loris Malaguzzi）经常谈到《儿童的一百种语言》（Edwards et al., 1993）这首诗，诗中描述了来自儿童头脑里的不胜枚举的表征方式。这"一百种语言"为我们提供了揭示儿童内心世界的证据，让我们得以洞见童心，并提醒我们认识到儿童可以使用多种语言去理解和表达事物。正是通过儿童的一百种语言，我们才得以了解儿童对什么感到好奇、有什么样的想法，以及正在学习什么。当然，并没有人真的把儿童的一百种语言按照序号列出来，这里的"一百种"只不过是一个象征性符号，象征着儿童世界的丰富多彩。把这些学习经验称为语言是非常恰当的，因为语言是人们用来相互交流想法和感受的系统。当我们使用一种语言时，我们在陈述我们的想法和感受。为了使用某种语言，我们需要学习这种语言的结构和规则，以及如何将我们的表达转化成有意义的交流。就像所有的语言运用一样，学习语言支持了儿童心智和大脑能力的建构。

　　在项目活动中，儿童的多样化语言得到了尊重，他们被鼓励使用多种方式来表达自己的想法。在开展深度项目活动的教室中,我发现儿童不仅能够使用一百种语言来表达他们的想法,还会在进行表征时运用这些语言仔细思考他们的想法。在进行表征时,他们会和同伴一起讨论。第一章中描述的"种子商店"项目活动就是一个这样的例子,它说明了孩子们在进行表征时如何构建共同的愿景。他们的种子商店是对当地的凯利种子商店的一个表征。在搭建自己的种子商店时,孩子们首先需要思考他们所知道的关于真实的种子商店的一切知识,包括储物箱、秤、收银机和重要的种子混合机。

照片 6.1

这个纸盘蜘蛛和真正的蜘蛛没什么相似之处,不仅无法激发儿童的思考,还传递了关于蜘蛛的错误信息

表征及表征的过程,能够把项目活动与主题课程或教师主导的探究方式区分开。照片 6.1 展示的是一个用纸盘制作的蜘蛛。制作纸盘蜘蛛是一个常见的由教师主导的活动,在很多关于蜘蛛的主题课程中,我们都能看到它的"身影"。在商业课程指南中,制作纸盘蜘蛛经常作为主题课程中的一个艺术活动而出现。大家用纸盘蜘蛛表征一只真正的蜘蛛。从根本上来说,制作纸盘蜘蛛只是一个被贴上"蜘蛛"标签的手工活动。它同样可以很轻易地被贴上章鱼或水母的标签,因为纸盘蜘蛛和真正的蜘蛛没有多少共同点。很多教师、家长和园长认为这种活动也没什么坏处,甚至觉得这种被悬挂起来的蜘蛛很"迷人"或"可爱"。然而,当我们分析儿童制作纸盘蜘蛛所需要的思考过程时,这项活动就不显得那么无害了。虽然有人认为这种手工活动有其特定的目标,例如,遵循指令和练习精细动作控制能力,但是让儿童在教师的主导下制作纸盘蜘蛛并不符合心智、脑和教育科学教学指南(见第一章)。制作纸盘蜘蛛不能创设促进师幼之间

开展富有启发性对话的环境（心智、脑和教育科学教学指南1），对儿童的价值和意义也极其有限（心智、脑和教育科学教学指南2）。它没有将有关蜘蛛的实际知识和活动过程联系起来，也不能被称为主动学习（心智、脑和教育科学教学指南8）。一些成人将孩子们粘贴和折叠蜘蛛的行为描述为主动学习，但是主动学习应包含积极主动的思维。"动手操作"未必意味着孩子们的头脑也在"转动"。这种活动几乎不需要儿童使用高层次的思维技能。虽然从技术的角度来说它是无害的，但是如果这种活动占用了幼儿园一日生活的时间，就会导致一日生活被教师主导和决定的内容排满，儿童鲜少有机会以自己的方式或使用自己的"语言"思考和处理他们正在学习的东西。

这样的活动还有一个很大的危害，即它们阻碍儿童进行自己的表征。当表征任务由教师接管后，想法就不再从儿童的内心深处源源不断地涌现出来。它不再是对儿童思维的演绎，而是变成对教师想法的展示。教师在计划和准备这一活动时做出了很多选择，而教师做出的每一次选择都等于剥夺了儿童的一次选择机会。在纸盘蜘蛛的表征活动中，教师做出了以下选择。

- 选择材料——教师选择了表征蜘蛛所用的材料，而材料又限制了儿童对蜘蛛的表征。例如，常见的蜘蛛颜色包括黑色、棕色、橙色、黄色、绿色和白色，但是教师只提供了黑色颜料。
- 选择蜘蛛——尽管世界上存在各种各样的蜘蛛，并且它们的身体形状和腿部形状各不相同，但是因为教师选择了纸盘，这就把要制作的蜘蛛限定为有着大大的圆肚子的蜘蛛。事实上，蜘蛛的身体包括两个部分。
- 选择蜘蛛的腿部结构——通过选择像手风琴那样折叠的、悬挂着的纸条制作蜘蛛的腿，教师剥夺了儿童思考蜘蛛真正的腿部结构的机会。蜘蛛有八条腿，每条腿有七节，并且每条腿的末端都有一个爪子。教师做出的选择让儿童错失了解决"如何创作出带爪子的、分节的腿"这一问题的机会。
- 选择蜘蛛的眼睛——通过为儿童选择塑料的、会活动的眼睛，教师不仅剥夺了儿童选择的机会，还将错误的信息教给儿童。蜘蛛通常有八只眼睛，有些蜘蛛的眼睛有六只或更少。蜘蛛的眼睛和人类的眼睛大相径庭。蜘蛛的眼睛有很多不同的类型，包括作为探照灯和反射器的眼睛。蜘蛛眼睛的这些差异，与蜘蛛的捕猎方式和捕猎时间有关。

正如我在上文中指出的那样，纸盘蜘蛛不是真正的蜘蛛。教师做出的这些选择削弱了儿童的问题解决能力，也无法使其进行有意义的对话。当你阅读上文中对教师所做选择的批判时，你可能会发现，你对蜘蛛的知识开始充满好奇，忍不住投入其中，开始了解一些你之前不知道的关于蜘蛛的知识。如果这些选择是由儿童而非教师做出的，那么这个活动不仅会让儿童更投入、更愉悦，还能提高他们的心智和大脑能力。

不幸的是，这类美术活动经常出现在"项目活动"或"研究"中，教师在其中更关注作品，而不是儿童在思考和学习什么。我在一个被教师称为项目活动的档案记录中看到了一个类似纸盘蜘蛛的作品。儿童的表征往往揭示了某项研究是一个项目活动，还是一个主题课程，以及这项研究位于图 2.1 的左侧还是右侧。制作纸盘蜘蛛是项目活动中教师主导活动的极端案例，它在主题课程中更为典型。大多数开展项目活动的教师会让儿童参与决策过程，由教师做出的决定较少，更多的决定是由儿童做出的。然而，在项目活动中，我看到很多表征（如纸箱校车、模型和像壁画这样的艺术作品）似乎是由成人设计的。一个提高项目活动的有效性和深入性的简单方法，就是让儿童在表征过程中拥有更多的决策权。

蜘蛛项目活动：一个范例

和制作纸盘蜘蛛的学习经验截然不同的是，如果儿童在表征的过程中被赋予决策权，那么会发生什么呢？表征的结果会是什么样的？我们可以通过第五章介绍的蜘蛛项目活动了解一下。虽然这是一个在幼儿园中班开展的项目活动，但是安伯老师为儿童提供的指导也适用于幼儿园大班和小学低年级的项目活动。对于年龄更大的儿童来说，他们自己甚至能够开展更多的研究，并拥有比 4 岁幼儿更加丰富多样的表征形式。

回忆一下，蜘蛛项目活动是从孩子们在操场上的游戏屋里发现一只盲蛛开始的。当安伯老师和班上的孩子分享"盲蛛并不是真正的蜘蛛"这一信息时，孩子们问："什么才是蜘蛛？"安伯老师认为，这个主题蕴含促进儿童学习的强大力量，因为她观察到所有孩子都积极主动地投入其中。从该项目活动一开始，她就发现这个项目主题对提升儿童的知识和技能水平有着不可小觑的潜力，因为探究蜘蛛自然而然地涵盖早期读写、数学、认知和科学领域的诸多目标。在项目活动推进过程中发生了很多有意义的事情，例如，儿童经常去幼儿园周边进行实地参观或远足活动，观察不同种类的蜘蛛。安伯老师还邀请了两位专家，一位是波尔克县自然保护协会（Polk County Conservation）的自然学家帕蒂小姐，她回答了孩子们提出的一些基本问题。另一位专家是来自阿奎尔兰宠物店的迈克先生，他在教室里和孩子们共度了一上午时光。他把一些蜘蛛（包括塔兰图拉毒蛛）带到教室里，回答孩子们的问题，并与个别儿童和小组进行了深入交流（见照片 6.2）。

观察性绘画

在进行实地参观的过程中以及在迈克先生到访期间，孩子们创作了大量的观察性绘画作品（见照片 6.3）（心智、脑和教育科学教学指南 8）。这些观察性绘画作品成为孩子们的笔记。安伯老师把观察性绘画作为帮助儿童注意事物的细节和捕捉现象的策略。在有关蜘蛛的绘画作品中，孩子们画了一些细节，如蜘蛛

照片 6.2

来访的专家迈克先生展示了他的宠物——塔兰图拉毒蛛，这让孩子们激动不已。这次经历激发儿童进行了各种表征，包括创作了多幅绘画作品

照片 6.3

本对迈克先生的塔兰图拉毒蛛进行了观察性绘画

的触肢和吐丝器。她还运用观察性绘画作品唤起儿童的记忆（心智、脑和教育科学教学指南3），让儿童讨论他们已经学到的东西（心智、脑和教育科学教学指南9）。例如，当孩子们制作蜘蛛的三维立体模型时，他们参考了最初画的蜘蛛。

儿童持续在户外研究蜘蛛。安伯老师在一个篮子里放了图书和其他研究材料，这样儿童就可以把篮子带到户外，确保他们在观察蜘蛛时能够立即获得资料、展开研究（见照片6.4）。孩子们一直对他们发现的蜘蛛和蜘蛛网进行观察性绘画，他们把学到的东西运用于绘画作品中（见照片6.5）。对于项目活动中的观察性绘画，安伯老师进行了如下描述。

照片6.4
安德鲁和佩顿利用图书来了解蜘蛛的吐丝器

照片6.5
安德鲁和本对他们发现的纵横交错的蜘蛛网进行了观察性绘画

观察性绘画是自然发生的。我们没有真正教过儿童如何进行观察性绘画，所以我们必须花一些时间来教儿童怎样做——如何观察事物，如何审视它们，以及怎样把看到的东西呈现在纸上。我也必须参与绘画活动，这样我就能思考我对某一事物有哪些发现。所以，在这个项目活动中，我创作了大量的绘画作品。我可以看到孩子们在添加细节方面取得的进步。我也很开心地看到，他们坐下来画了一幅又一幅。后来，我也坐在他们身边，看他们画的东西，如蜘蛛的腿。我会说："你注意到这里的腿了吗？它们是直的还是分节的？"他们因此开始注意到，有些蜘蛛的腿有一个关节，有些蜘蛛的腿有两个关节，有些蜘蛛的腿有四个关节。接下来，我看到他们在创作蜘蛛的腿时设计了特定的关节，好让腿在这些地方弯曲。当然，并不是每个孩子都注意到了这些细节，并把它们融入自己的绘画作品。不过，许多孩子会思考我们之间的对话，随后将它和自己的绘画作品进行整合。我通过认真观摩儿童的作品、和儿童一起观察物体以及围绕儿童的作品进行对话等方式鼓励他们。他们可能说："哦，这只蜘蛛上面有毛！"紧接着画上的蜘蛛就开始出现细小的毛发了。我只不过是花时间和每个孩子沟通，帮助他们留意蜘蛛的不同部位。我并没有告诉他们应该怎么画，更多的是告诉他们应该如何仔细观察和思考。学习仔细观察事物非常重要，就像学习认读字母一样，你必须注意到它们的不同部分。

孩子们还把观察到的这些细节融入他们的游戏中，例如，在操场的围栏上制作了一张网（见照片 6.6），在游戏中假扮一只蜘蛛。有一个孩子了解到蜘蛛有卵袋，于是找了一个鸡蛋盒，在里面放了一些黑色的小东西，然后把鸡蛋盒粘起来，制作了一个蜘蛛的卵袋。她把鸡蛋盒和蜘蛛的卵袋连接了起来。虽然在这个项目活动中有一些绘画活动，但是观察真正的蜘蛛和蜘蛛网并把观察到的东西画出来是这一探究阶段（项目活动的第二阶段）的主要活动。

照片 6.6
操场也变成了蜘蛛项目活动的一个活动区，孩子们正在用线制作各种各样的网

蜘蛛博物馆

项目的最后阶段，孩子们开始获得所有问题的答案，对寻找和画蜘蛛与蜘蛛网的兴趣慢慢地减弱了。这时候，安伯老师组织了一次班级讨论会，主题是"我们应该如何向别人分享自己学到的东西"。她向孩子们介绍了其他儿童在

别的项目中活动是如何分享的。一个孩子说,他想制作一种蜘蛛,并把它展示给别人看。另一个孩子说,他可以制作另一种蜘蛛。随后,每个孩子都开始说他们想要制作的蜘蛛种类。接着,有个孩子说:"让我们每个人都来制作一只蜘蛛吧!"安伯老师介绍了自己的想法——把大家制作的所有蜘蛛放在一起展示给别人看,就像一个博物馆那样。这一主意让孩子们很兴奋,他们决定创建一个蜘蛛博物馆。本立刻为博物馆制作了一个标志。

每个儿童都为蜘蛛博物馆制作了一只蜘蛛。这些蜘蛛作品的照片被放在一个彩色册子中。当你浏览他们的作品照片时,请参考表6.1,上面记录了每个儿童是如何完成这项任务的。

表 6.1 蜘蛛博物馆的展示作品体现了每个儿童对蜘蛛的认识,以及每个儿童进行表征的方法

姓名	对表征过程的描述
阿比	阿比计划使用毛根。然而,当她操纵它们时,她发现它们不能以她期望的方式随意弯曲。经过几天的努力,她把它们缠绕在自己的手指上,做成蜘蛛的圆形身体,将剩下的部分做成蜘蛛的腿。
阿迪 有卵袋的狼蛛	阿迪对蜘蛛妈妈和它的卵袋十分着迷。她知道这只蜘蛛不止有两只眼睛,于是用一些从纸盘上剪下来的材料来表示这一点。为了制作卵袋,她使用了迷你松饼衬垫和绒球。
安德森	安德森是在蜘蛛项目活动快结束时才来到这个班级的。他没有太多的关于蜘蛛的知识或经验。他知道蜘蛛有很多条腿。他选择把他的蜘蛛放在一艘外星飞船上。
安德鲁 狼蛛	在这个项目活动的绝大部分时间里,安德鲁都对狼蛛很着迷。他已经根据书中的图片创作了很多观察性绘画作品。他用黏土雕刻了蜘蛛的头、腹部、腿、吐丝器、触肢等。
安娜 塔兰图拉毒蛛	安娜想制作一只塔兰图拉毒蛛,以展示这只蜘蛛是如何利用它的网回家的,因为它的视力不太好。
阿娃	阿娃在中途加入了我们的项目活动。她知道蜘蛛有腿,有些蜘蛛有一组小眼睛和一组大眼睛。
贝丝 红蜘蛛	贝丝希望把她的蜘蛛安置在一张网里。她的想法影响了其他人,其他孩子也开始给自己的蜘蛛添加蜘蛛网。

（续表）

姓名	对表征过程的描述
本 狼蛛	本更愿意画一只蜘蛛，他能够创作出包含微小细节的观察性绘画作品。然而，建构一个模型更具有挑战性。他把自己的建构作品拆开好几次，最后又把它装了回去。
布罗林 把网当作降落伞的小蜘蛛	小蜘蛛通过飞行离开它们的出生地，它们用网创造出能随风飘荡的降落伞，这给布罗林留下了非常深刻的印象。他希望他的降落伞能真正发挥作用。他发现光有线不管用，必须要有东西来增加空气的阻力。所以，他决定使用一个纸盘。
凯尔	凯尔想让自己的蜘蛛粘在网上。他一次又一次地尝试使用胶水，但是他无法把毛根粘住。他发现胶带最好用。
钱斯	钱斯先把整个纸盘涂成黑色，然后剪了一个圆形，因为他知道蜘蛛是圆形的。他用胶带把毛根粘在圆盘上作为蜘蛛的腿。他试着一次性把所有的腿都粘上，但随后他发现，当他需要揭开胶带修理某一处时，胶带会把颜料也粘掉。于是，他用小块胶带分别粘每一条腿，最终完成了蜘蛛的制作。
戴德 狼蛛	戴德发现阿迪使用绒球制作小蜘蛛，认为这是一个好主意。她认为，蜘蛛宝宝也需要眼睛。
德鲁	德鲁想制作一只大蜘蛛。他解决了好几个问题，包括：数清楚毛根的数量，把蜘蛛的腿粘上去，学习如何在胶水凝固前固定好蜘蛛的眼睛。德鲁表现出坚持不懈的精神和解决问题的能力。
盖布 跳跃的蜘蛛	盖布在一本书中看到一张图片，图片中一只蜘蛛跳到一朵花上。蜘蛛的腹部很大、头很小，它的背上还背着宝宝。盖布希望，他制作的蜘蛛看起来像书里的蜘蛛那样伸腿跳跃。他还制作了一朵花让蜘蛛跳上去。
格里克	格里克希望他的蜘蛛有大眼睛。他用木板和钉子制作蜘蛛的网——和这个项目活动中早先开展过的一个活动类似。
雅各布	雅各布远离其他班级成员，致力于完成自己的项目活动。他很少和其他同伴或教师讨论。他记得一些蜘蛛身上有毛发，这些黄色的碎片就表示蜘蛛的毛发。
贾梅 水蜘蛛	贾梅希望展示水蜘蛛在水下为它们的卵袋制作气囊。他画了一幅画，并用蓝色的玻璃纸代表水。
乔希	乔希先把一个鸡蛋盒切成许多小块，然后用它们制作蜘蛛的身体。随后，他又添加了毛根作为蜘蛛的腿。最后，他用绒球制作了蜘蛛的头。

（续表）

姓名	对表征过程的描述
凯文 活板门蛛	凯文看见了布罗林画的活板门蛛，他决定用混凝纸浆制作一个洞。他用黏土制作蜘蛛，并在蜘蛛的头上添加了一些腿和触肢。
莱恩 塔兰图拉毒蛛	这是莱恩第一次使用黏土。他一连好几天都在练习如何把黏土搓成蛇的形状作为蜘蛛的腿。他舍不得丢掉任何一条"蛇"，因此，他把所有的"蛇"都安在了蜘蛛身上。
莱尼 囊状地蛛	莱尼在一本书的封面上看到这只蜘蛛。她先用不同颜色的图画纸剪出形状，然后画出剩余部分。她发现这只蜘蛛的腿上有细小的毛发。她也想给蜘蛛的各个部位贴上标签，就像我们之前在这个项目活动中开展的一个活动那样。
露西	露西用黏土制作蜘蛛。她有一个非常明确的计划——第一天制作蜘蛛的身体和八条腿，第二天给蜘蛛添加了两只眼睛。之后，她就开始帮助别人制作蜘蛛了。
卢克	他用午餐袋制作了蜘蛛和网。他希望展示，蜘蛛是用更多的网来让自己附着在上面的。
海克和乔西 塔兰图拉毒蛛	海克和乔西选择合作制作蜘蛛。他们用混凝纸浆制作蜘蛛，并分工合作：一个人负责制作蜘蛛的头部，另一个人负责制作蜘蛛的身体。对于蜘蛛的腿应是什么颜色，一开始他们的意见不一致，但后来他们决定每条腿用不一样的颜色。
玛吉	玛吉从画一张网开始。创作时，她告诉我网是一圈一圈绕起来的。她能够使毛根相互缠绕，将蜘蛛和网固定在一起。
米娅	米娅告诉我，她见过附着在纸盘上的蜘蛛网，那就是她想要做的。她先在纸盘上画了蜘蛛，然后把线放在上面，然而线无法固定在盘子上不动。她琢磨如何制作长条的线。米娅先制作了蜘蛛的七条腿。后来她发现蜘蛛不止有七条腿，于是很快添加了一条腿。
莫莉 幼蛛	在项目活动的大部分时间里，莫莉都对小蜘蛛宝宝非常感兴趣。她决定制作一张大海报来展示幼蛛是如何离开它们的出生地的，或者是如何飞行的。
佩顿	佩顿画了一只蜘蛛，然后给它涂色。他想要展示蜘蛛丝如何从蜘蛛的尾部喷出来。
萨姆	萨姆把毛根缠绕起来作为蜘蛛的腹部和腿。然而，当要把它们固定在一起时，他遇到了大麻烦。最后，他用胶带把它们粘在一起。
亨利 水蜘蛛	亨利希望他的蜘蛛附着在网上，待在气泡里。他还在他的蜘蛛上画了好几只大大小小的眼睛。他借鉴了谢娜使用玻璃纸的方法。

（续表）

姓名	对表征过程的描述
谢娜 水蜘蛛	谢娜希望她的蜘蛛在水里游泳。她画了一只蜘蛛并把它粘在一张网上。然后，她想加一点水，这样蜘蛛就可以呼吸了。于是，她选择用玻璃纸代表水。
西奥	西奥首先用一张大的咖啡滤纸制作蜘蛛的身体。他决定用胶带制作蜘蛛的腿。在忙活了好几天后，他发现用胶带做的腿彼此会粘在一起。他把咖啡滤纸包裹在纸筒上，这样蜘蛛的腿就分开了。然后，他添加了一根毛根作为蜘蛛的触肢。
汤米 蜘蛛和敌人	汤米创作的每一幅观察性绘画作品都包含一只蜘蛛在吃虫子（敌人）。他用一块纸板和线制作了一张网。然后，他剪下一些形状并把它们粘在一起，做成蜘蛛和被蜘蛛逮住的敌人。

蜘蛛博物馆的创建是心智、脑和教育科学教学指南 7——"精心安排，使儿童沉浸其中"的一个极好范例。教师"通过一个接一个地号召每个人发出自己的声音并将它们融入整个课堂活动中，让儿童沉浸在复杂的活动中进行学习"（Tokuhama-Espinosa，2010，p.121）。教师激励儿童创造自己的表征。儿童需要唤起自己的记忆，利用自己在探究中学到的知识制作蜘蛛（心智、脑和教育科学教学指南 3）。当儿童围绕自己想制作的蜘蛛构建愿景，并坚持把愿景变为现实时，他们是积极主动的并展现出高阶思维能力（心智、脑和教育科学教学指南 8）。

在表征蜘蛛的过程中，儿童展现了问题解决能力。为博物馆制作蜘蛛需要每一个孩子制定一个目标、深入探究、努力解决问题并坚持不懈——这些都是执行功能发展的指标。例如，德鲁在制作蜘蛛时，遇到并克服了许多困难。安伯老师描述了德鲁的经历，如下所示。

德鲁想制作一只大蜘蛛。在画好蜘蛛的身体之后，他意识到他还需要制作蜘蛛的腿。对他来说，为蜘蛛数出足够的毛根作为腿是一个挑战。只要轻轻一碰，这些毛根就会移动，导致他不得不再数一遍。他解决这个问题的办法是把它们排成一排，并特别小心地在不碰到它们的情况下指着它们点数。之后，他想把腿连接到蜘蛛的身体上，但他不想让胶带露出来，因此使用了透明胶水。这又带来了一个问题：把这些腿并排粘在蜘蛛的身体上不容易。因为不能把腿粘在合适的地方,加上当他想重新调整腿的位置时,透明胶水会把颜料粘掉,所以他变得有点垂头丧气。他开始寻求帮助,说:"我弄不来。"他能告诉老师他遇到了什么问题。老师帮他想出了几个可能的解决办法,包括把几条蜘蛛的腿一起放在一条胶带上。当他开始给蜘蛛安装眼睛的时候,胶水到处流,眼睛也一直掉。在尝试了很多不同的办法后,他自己想出了一个好主意:把眼睛按一会儿,它们就可以固定得更牢些。德鲁在工作中坚持不懈、目标明确,当他想要制作的蜘蛛终于大功告成时,他显得格外心满意足。

德鲁的工作很好地体现了他的执行功能的发展,即"山丘、技能和毅力"(Moran & Gardner, 2010)的发展。德鲁的头脑中有清晰的目标,他不仅需要发展技能来实现目标,还需要努力解决问题并坚持到底。像创建蜘蛛博物馆这样的表征机会,让儿童能够体验到制定目标并持之以恒的感觉,哪怕这项工作不容易完成。德鲁还学到,他可以在需要的时候寻求帮助,而且成人仍然愿意让他掌控自己的项目活动。

蜘蛛博物馆活动也很好地说明了,表征机会如何让儿童以一种有意义的、真实的方式运用所学的内容。这对这些孩子来说是一次意义非凡的学习经历。他们能够运用自己所学的内容,积极参与制作蜘蛛的过程,创作出一个有意义的作品。凯兹(2003)主张在项目活动中增加内容、过程和作品的重合度,以最大限度地促进儿童的智力发展(见图6.1)。

我们可以运用凯兹的观点来比较一下纸盘蜘蛛活动和蜘蛛博物馆活动(见图6.2)。在纸盘蜘蛛活动中,儿童不需要理解内容(蜘蛛的定义、蜘蛛的身体组成部分以及每个部分的作用),也不需要理解蜘蛛和蜘蛛网的关系。儿童制作蜘蛛的过程是遵循指令和模仿的过程。制作蜘蛛的过程既不需要儿童对蜘蛛及其身体各部分进行分析,也不需要决定使用什么材料。这样的作品既不自然,也不真实。与之相反,蜘蛛博物馆里的蜘蛛是儿童在仔细分析了真实的蜘蛛(内容)后制作而成的。儿童的制作过程包括:回顾他们的观察,思考他们在研究真正的蜘蛛时学到的内容,以及如何将所学内容运用到他们的表征中。这些作品

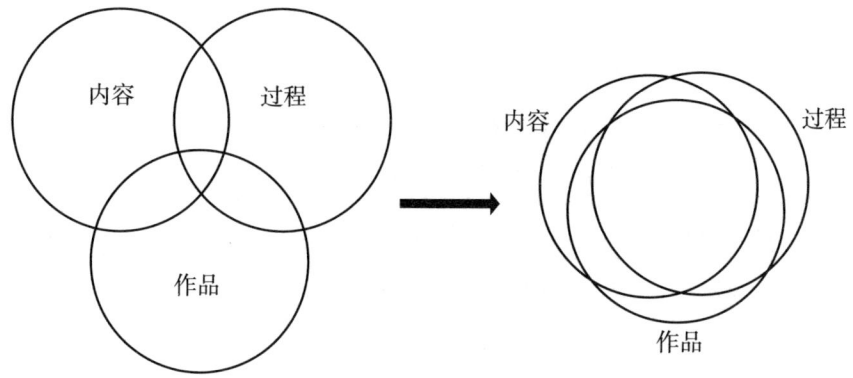

图 6.1
在项目活动中增加过程、内容和作品的重合度，可以最大限度地促进儿童的智力发展

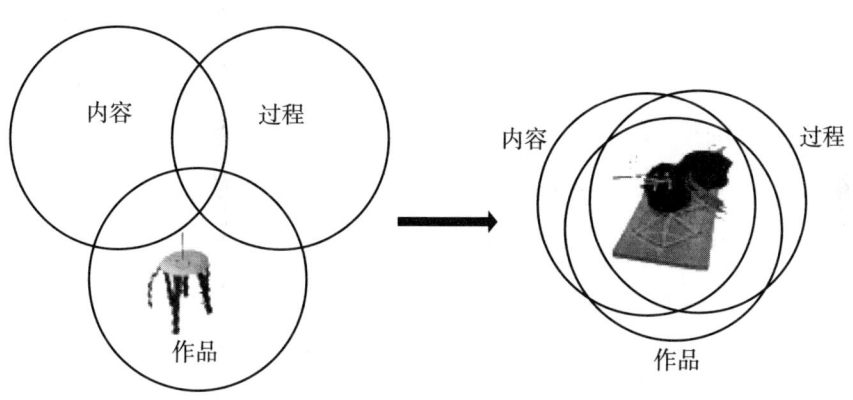

图 6.2
作品作为儿童所学内容和活动过程的表征，效果如何？

呈现了真正的蜘蛛的许多特征，同时展示了孩子们在学习上的收获。这些作品蕴含了丰富的学习内容和高阶思维经验。

安伯老师的角色：促进者

了解安伯老师是如何做出决策以推进蜘蛛项目活动的，可能对你很有启发。以下是她对自己的想法和经验的描述。

当孩子们一提出他们每个人都想制作一只蜘蛛时，我就决定，不管他们告诉我他们想用什么材料，我都允许他们使用。这对我来说是一个"很大"的决定。

起初，我并不确定这是一个好主意。其他教师觉得我疯了，并预言教室里将会一片混乱。我是这样处理的。每次区域活动（自主活动时段）前，我们会首先开展圆圈活动。第一天上午，我将几个孩子聚集到一起并提醒他们："我们决定创建一个蜘蛛博物馆，每个人都要制作一只自己所了解的蜘蛛。"孩子们纷纷告诉我，他们想用什么材料制作哪一种蜘蛛。我需要寻找这些材料，但大多数时候我只需要为他们指明材料所在的位置。从那时起，我每天都会记录他们当天的计划，他们可以去他们想去的任何地方工作。不是每个孩子每天都会制作蜘蛛。大多数时候，孩子们分散在教室的各个地方。他们会使用一大堆材料：黏土、毛根、纸杯蛋糕垫纸、颜料甚至混凝纸浆。教室里到处都是这些材料。

我让他们告诉我他们当天要制作蜘蛛的哪一部位。他们有时说得清，有时需要先看一下再决定。我会问他们当天需要什么样的材料，以及他们是否需要帮助。这也让我了解到是否有其他孩子可以帮助他们，或者他们是否需要一名教师提供支持。大多数时候，他们会这样说："我要制作我的水蜘蛛了，我需要一些材料。当把蜘蛛放在这些材料上时，蜘蛛看起来像在水里一样。"有时，我会帮助他们思考他们所做的决定。例如，我们为蜘蛛寻找让它看起来像身处在水中的材料。亨利首先选择了蜡纸，但效果不是很好。最后，他选择了蓝色的玻璃纸，这样蜘蛛看起来仿佛在水里一样。有时候，他们需要我帮忙裁剪出合适的尺寸，如果他们提出请求，我会帮助他们。

有两个孩子使用了混凝纸浆。他们没办法把纸浆粘在气球上，需要有人帮助他们来解决这个问题。最终，他们把它涂得更厚一些。

有一天，一个孩子首先用纸浆制作了蜘蛛的身体，然后他决定制作一只活板门蛛——一种住在洞穴里的蜘蛛，并且洞穴的上面有一扇门，这样动物可以掉进去，被蜘蛛吃掉。他用混凝纸浆做了一个洞，并希望有人帮他在上面开一扇门。他自己试着做了几次，结果纸浆都碎了。最后他发现，他需要先给门所在的位置打一个洞。这个办法对他很有效。

一个孩子想为他的蜘蛛制作一张网。他想把网挂起来。他从家里带来了一块木头，但是结果并不令人满意。他想让它像一张真正的网一样悬浮在木头上方，而不接触木头。他说他需要一些东西来支撑它。我们发现，可以在木头上钉几个钉子，从而在不碰到木头的情况下制作网。他需要我帮忙钉钉子。他告诉我每一颗钉子应钉在哪里，然后由我来把钉子钉进去。他用线把钉子缠绕起来，做成了一张非常酷的网，并把蜘蛛放在上面。孩子们在使用工具方面变得非常娴熟。

创建博物馆的大部分工作是在区域活动时间完成的。一开始，我把孩子们分成若干小组，但效果并不是很好。对我来说，跟他们这样说更简单："拿上你需要的材料，找一个地方开工吧。"这个地方在哪里并不重要。并不是每个孩子每天都在制作蜘蛛，他们还在区角里玩游戏、绘画、玩拼图等。我可以四处走动，在他们需要的时候帮助他们，与他们谈论他们的工作。我注意到一件事，即他们在制作自己的蜘蛛时，彼此之间有很多次交谈。交谈的次数远超他们做其他事情（如玩拼图）时的交流次数。活动进展得非常顺利，因为孩子们如此投入地做事情。

渐渐地，孩子们陆续制作好了他们的蜘蛛。随后，我们策划了真正的展览和博物馆开幕式，这是整个项目活动的高潮（项目活动的第三阶段，参考图3.1）。家长、项目专家和朋友们都被邀请前来参加博物馆开幕式。安伯老师制作了四块展板，讲述了蜘蛛项目活动的故事，其中一块展板被命名为"蜘蛛博物馆——过程性工作，学习的表征"。展板被放置在房间的周围，同时被展览的还有儿童活动的照片、儿童的绘画作品以及他们制作的蜘蛛（见照片6.7）。

照片 6.7
父亲和儿子讨论博物馆里展示的蜘蛛

鼓励表征的多样化

就像有一百种儿童的语言一样,可以深化儿童项目活动的表征方式也有很多种。当儿童选择了表征方式并认真思考如何演绎他们正在学习或已经学到的与主题相关的知识时,表征就会变得有效。这里列举了其中一些表征方式。

- 口头表征——讲述故事;向家长、同伴或者社区成员做报告;向他人介绍作品展或游戏环境;戏剧
- 艺术作品——绘画、壁画、雕塑
- 音乐作品——歌曲、歌剧、音乐表演
- 书面表征——图表、儿童或班级制作的图书、海报、展品的文字说明、项目活动故事
- 游戏环境——创设动物的栖息地;创设商店或工作场所;创设与主题相关的家庭环境(如烹饪项目活动中的厨房)
- 三维模型和结构——使用可回收的材料、积木或乐高搭建结构;演示活动过程的小模型;创设环境;历史透视画(二年级及以上)
- 数据解释和演示——海报;带有说明文字的幻灯片或网页展示;流程图;能够叙事的照片展

当教师帮助儿童采用这些表征方式表达他们对主题的思考和他们学到的东西时,表征活动就会转化为有效的学习经验。表征必须是对儿童思维的演绎。当表征是儿童个人想法的真实展现时,教师就可以利用这些表征来评估每个儿童的课程标准或目标达成情况。例如,在伊利诺伊州皮奥里亚市的探索幼儿园,帕姆老师和班上的孩子们开展了小鸡项目活动。在该项目活动中,一些儿童画了鸡在生命周期各个阶段(从鸡蛋、鸡宝宝到长大的鸡)的样子。一些儿童制作了有关鸡的生命周期的海报,一些儿童用橡皮泥制作了鸡的模型,还有一些儿童假装自己是从鸡蛋里孵化出来的小鸡。当他们和帕姆老师谈论他们的演绎

时，帕姆老师能够评估他们达到了《伊利诺伊州早期学习和发展标准》中的哪些标准。例如，所有儿童都达到了科学标准12.A"了解生物会生长和变化"；许多儿童还达到了艺术标准26.A"了解艺术创作的过程以及艺术创作所用到的传统工具和现代技术"，以及艺术标准26.B"了解通过艺术进行表达的方法"。表征是把儿童头脑里的想法外显出来。和主题课程中由教师构思、儿童模仿的手工活动、游戏脚本不同，项目活动中的真实演绎能够给每一个儿童带来挑战——让儿童思考自己知道的东西，然后运用它们。这种思考以及对课程目标或标准的实现，很容易体现在他们的作品中，并被作品记录下来。

通过分析蜘蛛项目活动可以发现，安伯老师所做的几个关键决定促使创建蜘蛛博物馆成为儿童的一项真实的表征经历。我们基于安伯老师和其他几位推进深度项目活动的教师的经验归纳了以下原则。

不要急于表征。在探究阶段，安伯老师把重点设为帮助儿童建构对蜘蛛的认识，以及为他们的问题寻找答案。她为孩子们提供了大量的时间来参观和重访蜘蛛生活的地方，并鼓励他们在观察的基础上进行绘画和游戏。儿童的表征是他们对自己所学内容（如他们获得的知识以及他们对部分、关系和目的的理解）的表达。儿童必须有可以思考的对象，然后才能以表征的形式演绎自己的想法。

保持表征目标的开放性。对于孩子们到底应该做什么事情，安伯老师并没有一个预设的模型或目标。她与儿童小组讨论他们可以如何分享自己学到的东西，以及其他孩子在别的项目中是如何分享的。然后，她推动大家围绕各项选择进行了讨论。当孩子们选择创建蜘蛛博物馆时，她热情地支持这一决定，尽管她也不确定创建博物馆的具体方式。

鼓励儿童做出个别化决定。演绎是指儿童将自己知道的一切以某种外在的形式呈现出来。这种外在的形式可能是一个搭建的结构、一幕游戏场景或者一幅绘画作品。重要的是，教师应记住演绎是儿童个体的智力经验，需要个人使用自己获得的知识和认识。在演绎过程中，儿童所做的思考是至关重要的。在项目活动中，每个儿童都必须有机会进行深度思考。有时候，整个班级的大型表征变成了一小部分儿童的智力经验。只有将个人的表征融合在一起以实现整个班级的目标，创设的大型游戏环境或搭建的大型结构才是有效的。蜘蛛博物馆的创建为儿童提供了一个共同的框架和目标，与此同时，每个儿童也都在为自己的表征而努力。例如，为游戏区创建一个杂货店可以让许多儿童参与进来，他们需要为杂货店制作材料、设备、服装、传单和商品。重要的是，每个儿童都在适合自己的参与水平上有一个切入点。安伯老师尊重每个儿童在表征方面做出的选择。例如，当莫莉决定不再制作蜘蛛模型，而是制作一张关于小蜘蛛如何使用降落伞旅行的海报时，安伯老师支持了她的工作。

针对儿童正在观察的事物，通过与儿童讨论他们知道什么和记得什么来支持他们。 对于正在被表征的事物，儿童观察到了什么或体验到了什么？在表征前后和表征过程中，成人可以就这一点发表一些非侵入性的评论。这些对话的重点不在于长度，而在于帮助儿童唤起记忆，分析自己的绘画作品，进而看看自己还想增加或改变什么。当儿童进行观察性绘画时，教师可以分享自己对这一物体或场景的观察。

提供广泛的材料选择。 当教师给儿童提供了许多材料时，儿童就必须思考如何做出选择，以及不同材料在实现不同目的时的可供性。他们需要考虑什么材料能最有效地达成他们的目标。教师应该提供标准的艺术材料，包括各种纸、颜料和工具。此外，还应该有一个便利的存储区来存放可回收的材料，如包装材料、可回收的纸板等，以供孩子们选择。

提供丰富的参考资料。 准备一张桌子或一个架子，陈列与主题相关的书籍和实物，以便孩子们可以独立查阅资料。保持书籍和其他材料陈列有序，方便儿童可以轻而易举地找到他们想要的东西。

帮助儿童整理作品。 儿童需要时而回看他们的照片、绘画作品、最喜欢的书和相册。安伯老师把儿童的问题、网络图、儿童的绘画作品和照片放在一张大公告板上，孩子们可以自由地增添内容和学习。孩子们知道，他们可以在公告板上找到自己需要的东西。他们也喜欢向来访者展示并解释展板上的内容。瓦勒斯希尔顿托幼中心的凯茜老师鼓励孩子们用海报展板来收纳他们的绘画作品、照片和草图。这些都可以由儿童来维护。例如，在一个关于电影院的项目活动中，展板上有关于电影放映机、爆米花机和座位图的海报。对幼儿来说，它们的功能就像文件夹一样。大一些的儿童可以使用放在牛奶箱里的真正的文件夹。

鼓励儿童解决自己的问题。当儿童在表征中遇到问题时，教师不要急于介入并帮助他们解决。儿童可以尝试自己解决问题并从中受益。当他们发现自己可以想办法解决问题而不需要依赖成人时，他们会感到自己很能干、信心满满。当儿童对自己的能力充满自信时，其自尊就会得到发展。为儿童提供机会来自己解决问题，也能够鼓励他们持之以恒、坚持不懈。教师总忍不住想解决孩子们的问题，或者预先制订好计划，这样孩子们就不会失败了——做什么都无往不利。教师的这种思想危险十足，因为儿童可能会形成一些不现实的想法——认为自己应对生活中的挑战简直就是小菜一碟。为了培养儿童的抗挫力，教师要帮助他们了解在有需要时他们可以使用自己的天赋和能力。然而，当儿童明显感到心灰意冷时，教师依然袖手旁观、听之任之则毫无助益。这时候，一点参考建议、一个能帮助他的伙伴或一些恰到好处的评论，都可以帮到儿童，将他们的思维聚焦于一个新的方向。

让儿童重看、重想和重做。儿童需要时间思考，这样他们就会想起之前忘记的东西。简单地总结儿童展示或学到的东西，可以激励他们再观察一遍。与儿童就他们展示的内容进行富有启发性的对话，例如，蜘蛛腿上的关节是什么样的，教师可以把儿童之前没注意到的细节重新带到他们面前。之后，他们就会想出将这些细节融入表征的各种办法。当教师要求儿童重复之前的经验时，儿童也会受益，尤其是在间隔了一段时间后。第二遍、第三遍甚至第四遍的表征活动使儿童能够进一步完善他们正在做的事情，同时，也使儿童对他们的能力充满信心。与儿童谈一谈他们自上次绘画活动以来又学到了哪些东西，可以促进儿童元认知能力的发展。重做不一定始终使用相同的媒介。儿童也可以使用各种各样的媒介进行表征。例如，针对相同的主题，教师可以鼓励之前通过画画来表征的儿童这次使用三维立体材料，如黏土。尽管使用这些策略会花费不少时间，但它们有助于儿童的心智和大脑能力的发展。

在项目活动之外，为儿童提供时间来学习使用各种媒介的策略和方法。当儿童知道黏土的触感、如何用它塑形以及它能做什么和不能做什么时，他们就能用黏土来表征他们正在学习的事物。教师没必要教儿童具体的绘画方式，例如，寻找物体的特定形状。但是，儿童掌握如何使用某种材料的基本知识是有必要的，例如，用水彩颜料时要加多少水，如何把画笔在玻璃杯的边缘轻压一下以蹭去多余的水分，以及如何在纸上着笔。知道如何揉捏、挤压和搓黏土对儿童很有帮助。艺术教育专家马文·巴特尔（Marvin Bartel, 2013）对教幼儿技术和教幼儿"程序"进行了区分。对幼儿来说，学习使用每种媒介的程序是很有帮助的，这样他们就能成功使用这些媒介。在这方面，有很多好的书籍和资源可供教师查阅。最后，孩子们需要有足够的时间和活动来探索媒介，这意味着他们在教室里要有机会定期接触和使用它们。

让我们再次回顾一下全班儿童在教师的主导下制作纸盘蜘蛛的任务吧。类似制作纸盘蜘蛛的学习活动的危害之一，就是它可能在无意中暗示孩子，他们的能力低微。制作纸盘蜘蛛的任务，尤其是制作手风琴式的折叠腿，可能对不止一名4岁儿童来说是困难的。如果一个儿童无法完成这项任务，即不能让他的蜘蛛和模型一模一样，或者更糟糕的是，教师通过帮这个儿童制作蜘蛛来"拯救他于水火之中"，那么这个儿童进行表征和创造的学习倾向将会受到影响。儿童使用艺术材料来表达自己的想法以及思考和解决问题的学习倾向，也可能受到损害。本书第二章中介绍了丽莲·凯兹的学习倾向理论的重要性。凯兹指出，儿童只能做成人所期望的事会影响他们自身学习倾向的发展。当儿童不能独立地进行表征，或当他们的作品与模型不一样时，未来他们就不太愿意画画、创作或建构了。如果儿童根据模型制作出来的蜘蛛被陈列在那些更有技巧的同伴的作品旁边，那么关于这个儿童能力不足的信息就会传递给家长和其他成人。就像蜘蛛项目活动那样，让儿童创作自己的作品，并由一名教师记录每个孩子在这个过程中的精彩观念和成功是更好的选择。这样一来，儿童的机智、好奇、坚持、创新等学习倾向就得到了强化，父母和其他成人也了解到他们的孩子是如何思考的，以及他们如何才能支持儿童的思考。

第七章　如何激发儿童的深度学习

培养儿童的心智和大脑能力的一个策略，是让他们产生深度思考的迫切需要。教师有意识地为引发儿童深入思考而计划的一项活动或经验，被称为"激发物"。在教育活动中，激发物就是教师为了引发儿童的思考而设计的学习经验。我们用来描述激发的词语还包括"唤起""鼓励""引发""点燃"和"鼓动"。教育者在谈论深度思考时也会使用"高阶思维"一词。儿童通过高阶思维技能运用知识是《共同核心州立标准》的目标之一。

最有效的激发物具有感情色彩，它挖掘了儿童对感兴趣的话题的情感能量。一个例子是米歇尔老师在种子商店项目中提出的一个引发儿童思考的问题——"如何才能让秤上的红色指针移动到最右边（最大值）？"另一个例子是第六章中的创建蜘蛛博物馆的挑战。

将激发物融入项目活动是引发儿童深度学习的有效途径，因为它会引发儿童的行动（心智、脑与教育科学教学指南8）。激发物还可以增强儿童对内容的长时记忆，因为它支持三种形式的长时记忆（心智、脑与教育科学教学指南3）。儿童能够记住在情感上对他们重要的内容（价值承载记忆），以及与他们的已有经验相关的内容（联想记忆）。激发物可以帮助儿童将学科知识和学业技能看作自身需要知道的内容（生存价值记忆）。精心设计的激发物可以引发儿童对学业技能的学习和实践，因为他们发现这些技能有助于自己应对挑战。精心设计的激发物也会鼓励儿童超越自己当前的发展水平，进而尝试新技能或者以更高的水平进行思考。激发物还能够使教师将学习经验个性化，让儿童得以结合自身的能力水平参与到项目活动中。

"激发"一词经常出现在对瑞吉欧·艾米利亚幼儿园的描述中（Katz & Cesarone, 1994）。在这些幼儿园里，激发物可能包括某种材料的特别投放，或者环境的又一次改头换面。激发物也指激励儿童思考某一问题的事件或活动（LeeKeenan & Nimmo, 1993）。它也可以用来开启或拓展一个项目活动（Gandini, 1997）。

对于一个富有创造力的教师来说，激发儿童思考的方式可能和儿童的一百种语言一样多。随着教师在密切观察儿童并运用他们的观察结果指导项目活动方面越来越有经验，他们逐渐积累了一系列让儿童围绕项目主题进行思考，并将他们与项目活动联系起来的策略。在繁忙的项目活动过程中，当与儿童互动时，有些教师似乎不费吹灰之力就能想到一个激发儿童思考的好点子。更多的教师在有关某个学习活动的档案记录中看到激发物时，或者在听到某位教师分享教室里发生的特别能激发儿童深度思考的课程故事时，能够识别出它们。

然而，还有许多教师对如何在项目活动中运用激发手段感到无从下手。当他们看到另一名教师运用激发手段时，他们很想知道这名教师是如何想到的，或者他们能否原样照搬。对于那些之前被培训要根据预设课程开展教学的教师，或者那些长期使用购买的预设课程包来实施教学的教师，更是如此。

在项目活动中，有很多方法可以激发儿童进行更深入的思考。本章旨在将该领域教师的一些想法分享给大家，期望给大家带来一些启示。我们对思考激发物的一些方式进行了命名和分类，以便教师们能更轻松地进行讨论、分享想法和相互交流。本章对小型激发物和大型激发物进行了区分。在项目活动中，那些可以促使全班儿童沉浸于某一学习活动的激发物被称为大型激发物，例如，种子商店或蜘蛛博物馆的创建。在项目活动实施的过程中也存在很多小型的激发物。为支持教师在项目活动中使用激发物或者提升激发物的质量，从而促进儿童深度思考，本章末尾提供了部分策略。

小型激发物

要想为儿童创造更多深入思考的机会，方法之一就是在整个项目活动过程中插入小型的、开放式的激发物。即使教室里没有开展项目活动，小型激发物也可以提升儿童关于单元或主题课程的学习经验。与大型激发物相比，小型激发物不太可能有一个宏伟的目标。并非所有儿童对激发物的反应都一样，相反，他们的反应各不相同，更具开放性。

小型激发物有益于教师实施差异化教学。它们能够支持教师整合更多的选择，以便为每个孩子提供与项目活动内容建立联系的机会，也能够让教师关注个别儿童的需求和兴趣。小型激发物提升了教师观察、评估儿童并依据儿童自身的理解和技能水平（最近发展区）进行指导的能力。由于它们的开放性特点，每个儿童都可以找到一个适宜的切入点——一个利用儿童的先前经验、认知水平和能力水平的切入点。由此，儿童更有可能获得与其发展或能力水平相匹配的学习经验。

例如，一个小型激发物可能是教师带领儿童到户外，让他们把自己能找到的每一种叶子都收集起来。回到室内后，教师可以将叶子放在桌子上，供儿童进行探索和使用。有的儿童可能会仔细观察树叶的叶脉和茎，有的儿童可能会根据自己的分类标准（如大小、形状、颜色变化、纹理）对树叶进行分类，有的儿童可能会描摹或绘画树叶，有的儿童可能想做一本叶子形状的书，有的儿童可能会寻求帮助以确认和学习叶子所属植物的名称。在所有这些例子中，儿童都在运用更高层次的思维能力。所有儿童都在通过不同的方式进行探究。有的儿童可能会提出一个假设，有的儿童可能会运用经验进行创造。当教师观察儿童、与儿童互动的时候，他可以通过改变自己提问的框架、描述和澄清儿童正在思考的内容、唤起儿童的其他类似经验或所学概念以及整合新的技能（如做标记或绘画）来拓展他们的经验。在项目活动实施过程的所有阶段，教师都可以将小型激发物融入其中。

环境激发儿童思考

将小型激发物融入项目活动的一种方法是聚焦教室环境。环境方面的激发物包括教室的布置，以及在教室内为各种不同活动的开展而新创设的区域。一种极具激发作用的环境变化是引入一个新的游戏环境。教师对环境做出的改变能够激发儿童开展与项目主题相关的游戏活动，这一过程通常发生在项目活动实施的第一阶段，此时儿童正逐步熟悉项目的主题。例如，教师可能想将娃娃家改为小医院。为此，他需要搬走一些娃娃家的家具，替换为其他家具，例如，把婴儿摇篮换成一张小床，提供一个方便儿童登记挂号的前台，增设一个医生问诊区。在这一阶段，教师的这一做法是一个有效的激发物，能够帮助儿童建立共同的背景知识和词汇。

从很多方面来说，创造性角色游戏都是激发幼儿深入思考的最佳方式。幼儿必须考虑他们能够扮演的角色、使用道具的方式，以及如何根据角色身份行事。为了适应其他同伴的要求，幼儿还必须不断调整他们的游戏脚本。如果幼儿想参与和项目活动主题相关的角色游戏，他们遇到的挑战就是必须思考他们需要先了解些什么，也就是说，在这种游戏情境中的人们会做些和想些什么。因为这种游戏通常涉及成人日常需要处理的事务，所以幼儿在游戏中可以练习阅读、写作和用数字解决问题等各种学业技能。他们看到了这些学业技能的价值，这些技能对他们来说也就变得很重要。在游戏情境中，幼儿可以学习并练习与项目主题相关的词语，如"温度计""血压""处方"等。

虽然教师总是情不自禁地想为儿童创设一个丰富、复杂的游戏环境，但更有效的做法是，由教师主导的环境创设最好只在项目活动的第一阶段，并以小型激发物的方式来实施。教师只需要提供足够的支持来引发儿童的游戏、向儿童介绍词语以及有机会评估儿童对该主题的理解水平。这为项目后续过程中由儿童自己来创设游戏环境提供了机会。在项目活动的第二阶段和第三阶段，儿童可能会面临拓展当前游戏环境，或者创设一个新的大型游戏环境的挑战。当儿童设计自己的游戏环境时，他们的心智和大脑能力都会获得更大的发展。

另一种类型的环境激发物是改变家具的位置，为游戏区域挖掘新的用途。例如，教师可能会将画架移到一个新的区域（如室外），并让它正对着一些有趣的事物（如落叶），这样儿童就能够对这些有趣的事物进行写生。结合项目主题改变教室内外环境中的资源，是激发儿童思考的另一种方式。例如，在第六章的蜘蛛项目活动中，安伯老师在室外游戏区放了一只篮子，篮子里面摆放了许多与蜘蛛有关的信息类书籍，篮子周围还有一些供儿童使用的户外椅。通过在孩子们可能遇到蜘蛛的地方放置随手可及的参考图书，教师可以鼓励儿童随时为他们自发产生的问题寻找答案。户外椅可以吸引他们坐下来，集中注意力阅读图书。书里的图片既可以让孩子们分析真实的蜘蛛与书里的蜘蛛之间的相似和不同之处，还可以帮助他们了解蜘蛛各个身体部位的名称，并在他们发现的蜘蛛身上进行印证。为项目活动创设探究区域，或将项目活动中涉及的物品摆放在桌子或架子上，可以激发儿童对项目主题的好奇心。如果该区域包括能够让儿童随时接触并使用的书籍、照片、图表和海报，而不仅仅是只有教师能使用这些资源，那么儿童就可以进行独立的研究。这些环境变化可以鼓励儿童自己寻找答案，掌控自己的学习。

材料激发儿童思考

另一种小型激发物被称为"材料激发物"。在项目活动中增加一些激发儿童思考的材料是很简单的事情，比如把一个废弃的鸟巢带进教室。各种各样的物品，如不同种类的松果，可以唤起儿童的好奇心。有时，以一种新的方式投放儿童所熟悉的材料或工具，也可以激励儿童对它们的相似和差异之处进行探索。例如，在艺术桌上投放各种各样的画笔和单一色彩的颜料，有助于儿童关注各种形状和尺寸的画笔如何在纸上产生不同的效果。在一个关于轮子的项目活动中，教师将不同宽度的画笔、单一色彩（黑色）的颜料以及三轮车的轮子一起放置于艺术桌上。儿童越来越善于选择最合适的画笔，画出轮胎或辐条的样子。

小型激发物能够引发一个项目活动，或者决定一个项目活动的走向。在第二章中，泰勒老师把一台二手照相机投放在教室里的娃娃家。当孩子们开始玩照相机时，她向他们提出了一些问题，激发他们开展了更多与照相机有关的游戏。

我把照相机放在娃娃家，将它作为游戏道具来引发儿童的创造性游戏。当几个孩子被照相机吸引、爱不释手的时候，照相机项目活动就开始了。我认为，他们可能想假装去某个地方取景和拍照。他们把照相机带到娃娃家的外面，开始在教室里来回走动，对其他要拍照的儿童说："笑一个。"我问他们："你在拍什么？""你打算用这台照相机做什么？"（Helm & Katz, 2011, p.77）

泰勒老师投放了更多的照相机，进而提出了其他问题，包括"你打算如何把里面的胶片取出来？""你怎么知道它里面真的拍了照片？"。照相机的投放、对儿童兴趣的观察以及引发儿童思考的问题,都激发了照相机项目活动的诞生。

将材料彼此靠近放置,也可以成为一种激发物。以一种引人入胜的方式展示材料,同时搭配其他有趣的材料,常常会引发儿童的深度学习。例如,当教师在桌子上摆放了一个南瓜和一把卷尺时,它们就向儿童发出了邀请——把这两种材料结合起来操作。教师又在桌上的南瓜旁边投放了一个胶带切割器,这就激发儿童自己想办法应对预期的挑战——如何让卷尺固定在测量好的位置。如果教师继续投放纸和铅笔,那么他就为这个混龄班上的3岁和4岁儿童提供了更多的选择。有的儿童可能只是摸摸、碰碰南瓜,获得一些感官体验。有的儿童可能会模仿他看到的成人,假装用卷尺把南瓜绕一圈来测量它的大小。他也许会和另一个儿童一起合作,以解决如何让卷尺在南瓜的中央部位保持不动的问题。当教师观察到儿童围绕南瓜和其他材料进行互动和交谈时,他可以对每个儿童做出适宜的回应。例如,如果一个3岁的儿童对南瓜的形状很感兴趣,也非常享受抚摸南瓜表皮带来的触感,那么教师可以跟这个儿童聊一聊,或帮他举起南瓜,把它翻过来,从多个角度观察南瓜。当这个儿童这样做的时候,教师可以介绍一些词语,这样儿童就能够使用这些词语来谈论他正在观察的南瓜。同样地,教师也可以要求那些很难让卷尺固定在南瓜上的儿童描述自己的问题,并鼓励他们想办法解决问题,同时暗示他们可以使用胶带切割器(见照片7.1)。如果一个4岁的儿童认识并能书写不少数字,那么教师可以激励他记录自己的测量结果。教师甚至可以通过向一个或一群儿童提问来促进他们的深度学习,例如,教师可以问:"当我们测量南瓜的顶部、中部和底部时,会发生什么事情呢?"这一学习活动的本质是开放性的,它使教师能够结合儿童与材料的互动方式来与儿童互动,并为儿童提供个性化的激发物。更重要的是,材料的开放性和材料的多元陈列方式对儿童来说是一种独立的激发物,既能让儿童做他们觉得轻松自在的事情,又能够引发他们对新事物的尝试。例如,3岁的儿童或许会"写"数字。

教师也许很熟悉照片7.1中的激发物,只是他们可能会将其变为一次预先计划的课程,即教师准备一个南瓜,然后向儿童演示如何使用卷尺进行测量。对

照片 7.1
材料及其摆放方式共同构成一种小型激发物,从而引发儿童在不同层面上的探究

那些正在学习如何在项目活动中使用小型激发物的教师,我想解释一下小型激发物与预先计划的课程之间的差异,以及小型激发物的构成要素。

- 小型激发物是开放性的,儿童因为对它充满好奇或者饶有兴致才参与其中。在预先计划的课程中,教师对儿童要做的事情进行示范。儿童把这件事情看作任务,不会想到自己还可以做其他的事情,也不太可能以不同的方式与材料互动。如果他们不理解活动的目的或认为活动难度太高,他们甚至会回避参与活动。
- 当教师提供了激发物时,儿童通过适合自己的先验知识与能力水平的切入点来参与学习活动。在预先计划的课程中,学习活动是教师依据儿童年龄段的典型发展水平设计的。
- 当教师提供了激发物时,他会观察儿童并根据每个儿童的最近发展区进行提问、计划学习经验。教师可能会引入其他材料,或分享他所看到的事物。

在预先计划的课程中，教师会假设儿童的先验知识和发展水平，并根据一种既定的发展水平设计任务。

- 激发物是教师为儿童设计的一种学习经验，旨在激发儿童思考、设定个人目标（比如测量和记录）、为实现目标而努力并解决遇到的问题。在预先计划的课程中，教师在设计活动时会思考、计划以及预测并避免问题的出现。教师会向儿童演示如何使用透明胶将卷尺固定在南瓜的中央位置。教师帮助儿童解决了问题，并由此剥夺了儿童解决问题的机会。

- 当教师提供了激发物时，档案记录和评估聚焦的是每个儿童在完成任务时独一无二的表现。教师记录的是儿童能做的事情，以及儿童的个别化知识、兴趣和能力。在预先计划的课程中，教师会观察和协助儿童完成任务，并记录每个儿童是否完成了任务。

当然，很多时候，儿童会从教师主导和教师决策的学习活动中获益。预先计划的课程本身没有错。然而，如果儿童的所有工作都由教师计划和决定，那么儿童就无法发展他们未来获得成功所需要的高阶思维能力。项目活动为儿童发展高阶思维能力提供了机会；然而，如果项目活动中的学习经验更像预先计划的课程，而不是如上所述的激发物，那么项目活动的积极作用就会受到限制。推动项目活动实施的一个重要内容，就是确保儿童在项目活动中有真正能激发他们深度思考的经验。当教师有意识地思考如何将激发物纳入项目活动时，即使是传统的学前教育活动（比如测量南瓜），也可以被重塑为激发儿童思考的活动，进而大大地促进儿童智力的发展。在活动中插入有效的激发物其实不难，教师只需要停下来琢磨一下这个活动，并想想儿童实际拥有多少思考的机会就能做到。

语言激发儿童思考

另一种激发儿童思考的方式是为他们提供语言和概念刺激。在幼儿园和小学低年级阶段，儿童的主要任务之一就是学习词语及其含义。词汇的积累和词义对于培养儿童良好的阅读理解能力至关重要。学校和托幼机构的任务之一是促进儿童的神经网络的发展，特别是那些入学时词汇量极其有限的儿童。为了帮助儿童获得更多有意义的词汇，教师需要开展适宜的活动，让词语进入儿童的长时记忆中，以支持他们的后续学习。对词语及其含义进行深度思考，可以让所有儿童获益匪浅。但是，对读写能力水平低下的儿童来说，语言激发物显得尤为重要。

在项目活动中，主题之所以被选择，是因为儿童对它饶有兴趣，并且主题和儿童生活的世界紧密联系。因此，有关项目主题的语言和概念刺激是支持儿童积累词汇的有效方法。教师可以将激发物轻松地融入项目实施的所有阶段。许多教师把讨论词义作为其所开展项目活动的常规组成部分。他们创设了"单词墙"，对重要的词语加以呈现，并附有插图来说明其含义。有时，单词墙由儿童创作。有的教师会在一张大纸上写下词语列表，当儿童在探究过程中遇到生词时，教师就会把这些新的词语补充到词语列表中。有的教师会制作词语卡片，即档案卡片，每张卡片上都有一个项目词语和一张辅助说明词义的插图。这些卡片都被挂在圆环上，方便儿童在需要的时候使用它们来查找单词。小学一年级和二年级的孩子经常围绕项目词汇制作个人词典。即使幼儿还不识字，将项目活动中的物品和材料贴上标签也会对他们有所助益，因为标签有利于成人在与儿童互动时始终如一地使用相同的词语，从而增加儿童掌握词语的可能性。这些方法都可以很好地让儿童关注与项目活动有关的词语，并确保他们有很多机会练习它们。

为了激发儿童对项目活动中的词汇进行更深入、更有意义的思考，教师最好能够组织全班儿童或儿童小组对语言和术语开展讨论。一种方法是教师抛出一个词语，然后鼓励儿童表达自己对它的理解。当然，词语的含义是可以演绎的。如果儿童有很多经验，那么他们的回答通常会接近词语的官方定义。不过，词语的定义是早已确立的；儿童能够理解词语有常用的含义，这本身就是一种重大的认知成就。在大多数情况下，激发物是为了激发儿童找到可以提供定义的人或者物。在蜘蛛项目中，安伯老师发现盲蛛不是蜘蛛。儿童对此感到惊讶，随后他们就什么是蜘蛛展开了讨论。词语的定义对儿童来说很有吸引力，他们一旦认识一个术语就会尝试去运用它。当儿童能够识别一个词语的特征时，他们就可以通过它的定义来比较并甄别事物。例如，当他们知道蜘蛛的特征时，他们就可以甄别出蜘蛛和非蜘蛛。他们也能识别出，蚂蚁和蝴蝶不是蜘蛛。教师可以提供蝴蝶、蜘蛛、蚂蚁和甲虫的照片，对孩子们而言，这就是一种语言激发物。在小组讨论中，他们可以将照片分为两组：蜘蛛组和非蜘蛛组。完成这项认知任务的孩子们可以进而学习不同种类的蜘蛛的特征。这种将一类术语进一步划分为子类别术语的情况，也出现在蜘蛛项目中。在该项目活动中，儿童最初发现一些蜘蛛会织网，在持续的探索和观察中，他们又发现有不同种类的网，而且每种网都有不同的名称，如球形网、缠结网、片状网和漏斗网等。通过这种方式，儿童知道了自己可以运用词语告诉别人他们的发现，以及他们在创建蜘蛛博物馆时试图制作的内容。他们还树立了学习和使用词语的信心。在蜘蛛项目中，这些 4 岁的幼儿发现自己可以学习非常难的词语，如"触肢"和"头胸部"，而且无论是学习还是使用它们都很有趣。这种语言和概念刺激可以极大地发展儿童的能力，尤其是那些读写能力水平低的儿童。

在项目实施的每个阶段，教师都可以使用小型激发物。第二阶段后期甚至第三阶段早期的小型激发物可能会再次引发儿童的探究。例如，教师收集儿童实地参观的照片，将它们放在海报板上供儿童讨论。这会激励儿童关注项目主题中他们之前从未探索过的方面。由此，儿童对项目的探究变得更深入，引发了更多的深度学习。

大型激发物

大型激发物是指能够影响整个项目方向的事件或挑战。它们能够成为儿童深入探究的催化剂，效果持续数月。大型激发物往往出现在项目活动第二阶段的探究过程中，有时也出现在第三阶段——当儿童决定如何分享他们的学习经验时。在深度项目活动中，教师通常会提供几种大型激发物，它们包括：需要解决的大问题，通过艺术或媒介表征想法的挑战，以及科学实验。

问题激发儿童思考

儿童在项目活动中遇到的问题是真实的，并具有极大的激励作用。当儿童制定目标并发现坚持不懈和努力工作的价值时，他们可以发展多项执行功能技能。当教师有意识地留意重大问题和挑战，并把它们视为可以让儿童深度参与一个真实体验的机会时，优秀的项目活动就会出现。这就是"锣架"项目活动中发生的事情。当康涅狄格州罗维顿市社区合作幼儿园的达娜老师所在班上的4岁幼儿对教室里的一套乐器产生兴趣，而且每天都探索和讨论它们时，该项目活动就开始了。达娜老师追随孩子的兴趣，她将一些音乐家邀请到幼儿园里，并组织孩子们拜访当地的一些乐队，鼓励他们观看、倾听和触摸班级里没有的乐器。在对当地的一个高中乐队班进行实地参观时，他们对一面巨大的、直立的锣产生了浓厚的兴趣。当他们回到教室里绘画时，超过三分之二的儿童都画了那面大锣。后来，达娜老师想起幼儿园的一间储藏室里有一面锣。为了感谢一名老教师10年来的工作，幼儿园被赠予了这面锣。不过，这面锣并没有锣架。达娜老师找到了锣，并把它带到了教室里。当她把锣从储物箱里拿出来时，孩子们非常兴奋。由于这面锣没有支架，达娜老师把它放在地毯上，并用手将它扶着竖直放置。这面锣很重。

詹姆斯：哇！它太大了。我想敲它！

教师：这是木槌，试试看。（孩子敲击锣）

詹姆斯：嘿，这声音听起来不对。

亚历克斯：让我试试。你必须更用力地敲它。（尝试并感到失望）

教师：它的声音听起来像高中学校里的那面锣吗？（儿童都说，不！）我很好奇为什么这面锣听起来不一样。

萨曼：嘿，锣的上面有洞。

教师：我看见了，上面有两个，下面有一个。你们觉得它为什么会有洞呢？

威廉：可以钩住锣。

教师：你的意思是什么？多告诉我一点吧。

威廉：把锣挂起来。

教师：哦，工具箱里的确还有根带子。（展示带子）

威廉：让带子穿过锣上面的洞，再抓紧带子。

达娜老师让带子穿过锣上面的洞，把锣举了起来。儿童又敲了几下锣，声音听起来棒极了。

教师：这面锣太重了。我已经举不动它了。让我们看看我们都喜欢的那张高中学校里的锣的照片吧。

凯登：它有一个支架。这个金属做的东西把锣举了起来。

教师：看这个。有一个架子把锣竖起来。

詹姆斯：我们需要一个架子！

教师：我也这样想。嗯，我们可以试着为这面锣搭建一个架子。你们想试着做做看吗？

大家一致激动地说了声"想"，于是，"锣架"项目开始了。

起初，孩子们希望用金属制作支架，就像他们在高中看到的锣的支架一样。达娜老师担心她找不到干金属活儿的工人，也承担不起用金属制造锣的支架所需的费用。达娜老师告诉他们可以找一个人来帮忙做木制的架子，而不是金属的。因此，孩子们遇到了第一个限制条件。他们开始在建构区畅想各种设计方案。

照片 7.2
幼儿在建构区设计他们的锣架，尝试实现各种想法和计划

孩子们使用盘子、打孔器、绳子、胶带和各种形状的木块。他们尝试了自己的想法，设计了一些非常巧妙的模型（见照片 7.2）。在此期间，达娜老师咨询了乔。乔具备建筑方面的专业知识，可以帮助孩子们将设计图变为现实。他提醒达娜老师，由于预算非常少，而且锣架需要放置在室外，因此他们需要使用经过加压处理的方形木块。这是第二个限制条件。达娜老师把这些信息告知了班上的孩子们，他们继续工作，这次只使用长条形木块来设计锣架。

达娜老师还帮助孩子们测量锣的大小。在发现尺子太小以后，他们使用了码尺和卷尺。他们轮流试着把锣举在空中来体验它的重量。对一些幼儿来说，锣和他们差不多重，甚至可能更重一些。关于架子要有多牢固才能支撑沉重的锣，孩子们和达娜老师探讨了很久。他们还讨论了在敲打锣时，锣会前后移动，因此，架子必须是开放式的结构。

达娜老师向孩子们演示了如何使用平板电脑在网上查找锣架的信息。有的孩子根据网上的照片勾勒出锣架的草图，有的孩子根据他们的想象来设计，还有的孩子根据他们搭建的积木锣架画了草图（见照片7.3）。在整个过程中，幼儿与同伴分享了彼此的想法。

照片 7.3
用带夹子的写字板，幼儿可以在上面记录他们想出的制作一个锣架的各种方法

当孩子们用长条形木块拼搭出了一个锣架，并敲击上面用盘子做的锣时，他们遇到了架子倒塌的问题。达娜老师组织了一次全班讨论会，谈论让架子更稳固的方法。孩子们再一次观察网上的照片，注意到许多架子底部都有较宽的底座。

诺厄：这个总是倒下来，胶带也不管用。

教师：我看到了，当你敲锣的时候，架子就倒下来了。那么，你有什么方法呢？

诺厄：我可以在边上垫积木，让它更结实。（他尝试了，但还是失败了）

教师：嗯，它往哪边倒的？（他指了指后面）那里有积木撑着吗？

诺厄：我可以在后面放更多的积木。我要把它搭得更高，这里和那里（他指着前面和后面）。

教师：所以，你打算在两边放更多的木块来支撑它。你要在两侧放高高的积木来支撑它。（教师反复使用"支撑"这个词来帮助孩子了解，这正是他用额外的积木要做的事情）

一天，一个孩子注意到外面的轮胎秋千和锣架很像。孩子们拍摄了轮胎秋千的照片，并谈论了支撑秋千的斜角结构。诺厄熟悉"支撑"这个词，并能将其与他的积木创作联系起来。孩子们将这个设计元素融入了他们的设计。

经过几天的精心设计，孩子们确认了全班都喜欢的设计方案，这个方案结合了网上看到的架子和秋千的支架。他们将测量结果和计划都写下来，一并带给了乔。

搭建锣架当天，天空下着毛毛雨，天气寒冷。当孩子们来到操场上时，乔拿出了木头和所有工具。他把孩子们的草图和测量结果悬挂起来，这样孩子们就能够看到他们的信息和设计方案在实际搭建中的使用。在切割木头前，乔不停地对照孩子们的计划，以确认每一块木头的切割尺寸。孩子们帮助乔测量、搬运木头、对五金制品进行分类、钻孔、拧上螺栓、打磨零件，并在连接部件时帮忙支撑部件（见照片 7.4）。当他们和乔一起工作时，他们学习了新词语，如钻头、直角、圆锯、螺栓、螺母、棘轮等。

大约搭建了一个小时后，孩子们休息了一会儿，回到室内吃点心。幼儿分小组轮流回到室外。孩子们都和乔一起，从 9:30 工作到 12:15。接下来，检验他们工作成果的时

照片 7.4
共同解决问题为儿童和成人提供了建立联结以及团队合作的动力

刻到了。首先，达娜老师和孩子们谈论了他们对结果的预测。锣架能够支撑锣吗？达娜老师把这面锣挂在挂钩上，这次终于成功啦！敲击锣并听到它发出令人愉快的声音，让孩子们非常激动和兴奋！这是对他们辛勤、持久工作的回报！（见照片 7.5）

照片 7.5

拥有稳固的锣架，可以铿铿地敲锣，这就是儿童坚持不懈和努力工作的自然回报

达娜老师这样描述了"锣架"项目活动：

孩子们为那天的成就感到骄傲。他们迫不及待地等着父母接自己回家，这样他们就可以向家人展示他们所做的事情，并让他们也试一试。那天晚上，我收到了几封来自家长的电子邮件。他们告诉我，孩子们回家后解释了整个锣架搭建的过程，他们竟然记得那么多术语和设备的名称。我们在一个可爱的庆祝仪式上被赠予了这面锣，而如今它矗立在我们操场的音乐区供所有人娱乐。

这个项目是大型激发物的一个精彩案例。儿童对解决问题的需要成为该项目的重点。这个项目始于儿童对乐器的探索，他们对这个宽泛的话题感到兴奋和好奇，达娜老师满心以为儿童会继续探究乐器。然而，当她观察到儿童在高中乐队教室里表现出的反应，看到这么多的孩子都画了锣时，她意识到他们对这种乐器很感兴趣。随后，达娜老师想起储藏室里的锣，不过当她找到这面锣时发现它没有架子。这是一个问题，因为锣需要架子。达娜老师引导孩子们发现了这个问题，并且协助他们经历了一个极其复杂、一波三折的问题解决过程。

表征激发儿童思考

通常情况下，即使项目接近尾声，如果教师继续支持儿童的兴趣，项目也依然可以延续。在艾奥瓦州森特维尔市的"儿童世界"幼儿园里，就有过这样的例子。唐娜是这所幼儿园里的一位教师，一天她班上的4岁孩子们发现当他们在操场上剧烈奔跑时，心跳会加快，他们开始对健身和锻炼产生了兴趣。在参观了某一个机构的健身俱乐部之后，孩子们在教室里创设了一个健身中心，他们称之为"蝙蝠侠健身中心"。

然而，健身中心的建立并不是项目的终点。儿童还想知道运动能够对身体产生益处的原因，并开始询问他们身体里面的构造。他们对身体里的大脑、心脏、胃和肺的兴趣最浓厚。他们的谈话和绘画的中心就是身体（见照片7.6）。唐娜老师给儿童带来了一些科普类书籍让他们查找资料，他们也在网上检索这些身体部位。一天，当唐娜老师分享她在网上找到的照片时，孩子们注意到医生的办公室里陈列着一张人体骨骼的照片。就在那时，他们决定要制作一个人体模型。不过，孩子们想要的不"只是人体骨骼"，他们希望呈现所有的器官。他们对不同的器官产生了很多疑问。他们翻阅了一本又一本书去查看照片，并向唐娜老师和她的助教提问。然而，他们似乎并不了解如何开始制

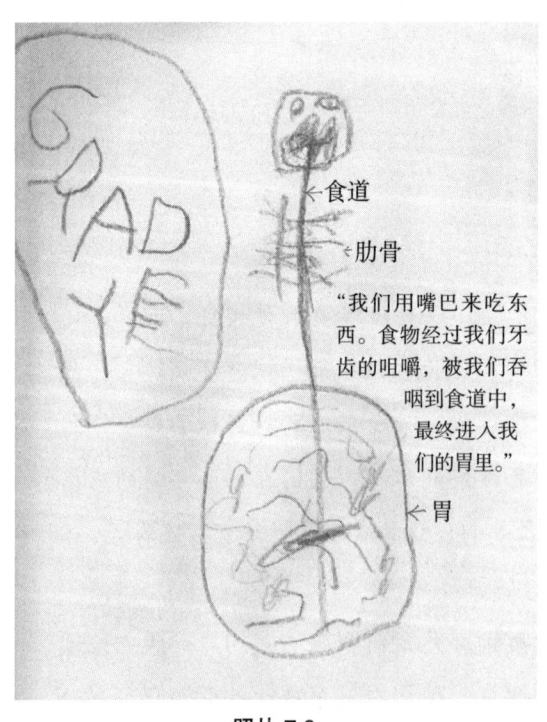

照片 7.6

该人体绘画作品展示了儿童对胃如何工作的兴趣与理解

作人体模型。一个儿童问："身体怎样才能站立起来呢？"他们讨论了人体的骨骼如何塑造了身体的形态。"它需要骨头！"另一个儿童喊道。在找到了问题的答案后，他们就可以开始制作"杰茜"了。

儿童对 PVC[①] 管非常熟悉。教室里有一个迷你置物架和一个胶带切割器都是用白色的 PVC 管制作的。一个儿童说："这些管子看起来像骨头，白白的、硬硬的。"唐娜老师走到迷你置物架前把它拆开，向孩子们展示如何把管子组合在一起，以及如何用管子搭建脖子和肩膀。教师的示范正是儿童需要的，简直就像在儿童瞌睡时送来了枕头。孩子们请求教师再多买一些 PVC 管来搭建胳膊、腿等其他的部位。唐娜老师还需要确保教室里的环境能够支持儿童的探索。教室里有许多关于人体的科普图书。教室里的艺术区里已经投放了一个回收利用箱，唐娜老师在里面装满了孩子们在制作人体模型时可能会使用的材料（如图画纸、胶带、玻璃纸、自粘性墙纸、乒乓球、纱线、棉签等）。唐娜老师还在灯光区添加了 X 光胶片，这样儿童就可以观察骨头的样子。孩子们还可以在科学区接触到一个小型的人体骨骼模型。

1月初，孩子们开始制作他们的人体模型（见照片 7.7）。根据他们最感兴趣的人体器官，他们组成了不同的研究小组：大脑组、心脏组、胃组和肺组。最先开始的是大脑组。教师给孩子们读有关大脑的书。鲍恩画了一幅大脑的图画，并试图写下"大脑"这个词。他们了解到大脑是柔软的。因此，他们希望使用同样柔软的材料来制作大脑模型。他们决定使用棉絮。塑料容器很硬，所以被用作头骨——"像我脑袋里的（头骨）一样硬"。孩子们努力把"大脑"粘在"头骨"里（见照片 7.8）。

照片 7.7

儿童制作人体模型"杰茜"的过程，需要他们进行大量的研究和创造性思考

---

① 英文全称 Polyvinyl Chloride，中文名"聚氯乙烯"，是合成塑料的一种原料。——译者注

照片 7.8

孩子们希望把大脑装在头部,充当大脑的材料既要柔软又要能够黏合在一起,因此,孩子们选择了棉花。眼球必须是球状的

　　胃研究小组对"食物如何进入胃"很感兴趣。孩子们听唐娜老师给他们读有关胃的书。他们了解到,食物是通过颈部一根叫作食道的管子进入胃的。孩子们想在模型上添加一个食道。特里顿在艺术区的回收利用箱中找到了一个纸管。他们决定用这根管子做食道。他们用胶带把管子粘上去。

　　阿娃说:"我记得心脏是肌肉。它在我们的胸部,还会跳动。"瑞林说:"心脏会跳是因为它要把血液输送到我们身体各处。当我们运动时,它会跳动得非常快!"唐娜老师问孩子们是否记得心脏有多大。乔西举起一只拳头说:"它像我的手一样大。"唐娜老师肯定了乔西的回答,然后问孩子们可以用什么材料来制作心脏。阿娃说:"我们可以用纸。艺术区里有很多纸。我可以用蜡笔在纸上画一颗心脏。"瑞林说:"但是,心脏里有血液。我们没办法把血液放在纸上。那会让人感到很恶心!"雷根同意瑞林的观点,说:"我们不能在心脏里放血液。太恶心了!"乔西回答说:"我们看看唐娜老师在回收利用箱里还放了什么材料。"回收利用箱里有各种各样的物品——木棒、气球、塑料气泡膜、小杯子等。瑞林说："我们用这个！"她从一只折断的玻璃吸管上取下球状部分。她说："它可以像心脏一样挤压！"孩子们想要把"血液"注入心脏。阿娃说："你们还记得唐娜老师是如何一起使用它和玻璃吸管的吗？她在管子里装了红色的水。我们也能这样做吗？"乔西问："我们如何把水放进去呢？"瑞林说："我们可以使用玩水区的漏斗！"雷根从玩水区拿来一个漏斗，他们把它插入玻璃吸管的橡胶球里。阿娃小心翼翼地把水倒进橡胶球。乔西说："我们最好再贴上胶带，这样水就不会漏出来了。"

孩子们希望杰茜看起来像个真正的人。他们讨论后认为，它需要一张脸。几个儿童努力为杰茜制作脸。他们选择乒乓球作为眼球，红色纱线作为头发。莱拉评论说，这张脸还需要眉毛。她一直在观察凯登斯和萨曼莎如何把作为"头发"的红色纱线粘在了头上。她跑到艺术区选了一根红色的羽毛。她带着羽毛回来，说："我们可以把这个剪下来做两根眉毛。看到了吗？它和头发的颜色一样。我的头发和眉毛的颜色也是一样的。"孩子们都同意用羽毛做眉毛。他们还为杰茜添上了纸鼻子、纸嘴巴和纸耳朵。

在"制作杰茜"的过程中，大多数的问题解决和更深入的思考都与搭建模型所使用的材料有关。儿童拥有各种各样的材料，大部分来自他们的回收利用箱。儿童就如何制作杰茜的脚进行了长时间的、详细的讨论。瑞林负责这个过程。她来到艺术区的回收利用箱查看，里面有一名在鞋厂工作的家长赠送的一些鞋内托。瑞林选择了两个鞋内托。她说："这些像脚一样，我要用它们来做脚！"然后，她又从箱子里挑选了几块硬纸板，再把材料放到桌上。瑞林说："唐娜老师，杰茜的脚要比我的脚大，但比你的脚小。"唐娜老师问她如何为杰茜正确测量脚的尺寸。瑞林回答说："我可以沿着你的脚的轮廓画下来，然后做一个小点的脚。"瑞林在纸上画了唐娜老师的脚的轮廓并把它剪了下来。然后，她用蜡笔沿着剪下来的轮廓在硬纸板上画。之后，她沿着轮廓线的"内侧"来剪，这样脚就变小了。瑞林想用胶带把鞋内托粘在用硬纸板做的脚上来代表脚趾。她说："我可以用胶带来固定它。"瑞林用胶带将鞋内托粘在纸板上，但鞋内托很难固定不动。她说："我需要帮助。"特里顿愿意提供帮助。他们两个人一起剪胶带并让鞋内托保持不动。

瑞林说:"两只脚的尺寸应该一样,因为我们的两只脚的尺寸就是一样的。"

制作了脚后,孩子们开始想办法把脚固定在身体上。瑞林把制作好的脚拿到杰茜旁边,放在杰茜的"腿"下方。唐娜老师问:"脚会待在那里不动吗?还是你们需要什么东西好让脚固定在那里?你们怎么看?"瑞林说:"我知道!用胶带!"特里顿说:"好吧,胶带。我去拿。"乔西、特里顿、莱拉、凯蒂和阿娃趴在地板上,他们用胶带将双脚固定在腿上。因为瑞林负责人体模型中脚的制作,所以她在一旁监督整个过程,确保脚和身体能够正确地连接在一起。

杰茜的制作正是项目活动中深度学习的一个典型案例。在项目活动中,教师发现儿童的兴趣,鼓励并支持他们自己的想法和计划。这些深度项目活动起源于教师发现了适合儿童进行深入且真实的探究的机会。在"锣架"项目中,达娜老师发现缺少锣架是儿童真实关注的问题。唐娜老师发现,儿童非常确定他们要制作一个人体模型。在本书开篇部分分享的种子商店项目中,米歇尔老师发现儿童想要建造一个属于自己的种子商店,这样他们就可以玩搅拌和售卖种子的游戏。教室里经常会出现开展这类项目活动的机会;然而,在很多情况下,因为教师不能或不愿意提供支持,这样的机会就流失了。如果教师能够提供支持,这些复杂的经验就有了自己的生命力。当教师将大型激发物和小型激发物融入项目活动时,它们就会引发儿童的讨论和辩论,激励儿童解决问题,并为他们提供动手制作或创造的机会。

实验激发儿童思考

另一种激发儿童思考的方法,尤其是在以科学为主题的项目活动中,是教师认真关注儿童的问题,分辨其中是否有可以通过"转化"为科学实验来寻找答案的问题。在学前阶段,儿童开始发展科学思维能力(Kuhn,2002)。库恩(Kuhn)将科学思维定义为"探寻知识……任何旨在促进探寻者探寻知识的有目的的思考"(p.372)。儿童总是试图理解他们的世界,并在这个过程中形成自己的看法,其中有很多看法是不正确的,但随着他们获得越来越多的经验和证据,他们会不断地修正自己的看法。儿童开始意识到,有时在特定的情境中会有两种或两种以上的选择,而且没有绝对的对错之分。在4岁或5岁时,儿童会认识到不确定性（有些事情可以确定，有些事情无法确定）。这意味着他们理解"能说"和"不能说"两种回答之间的区别（Fay & Klahr，1996）。儿童仍然会更倾向于依赖自己的看法，而不是根据证据来做出判断。在学前阶段结束时，他们开始能够使用证据得出结论、找到答案。这时，重要的是儿童能够回应自己的好奇心、探寻自己的问题以及形成自己的想法。我观察到，学前儿童很喜欢参与项目活动中的"实验"。

希拉·杰利（2001）提出，一个有用的教师策略就是审视儿童的问题，并确认那些可以转化为实践活动（实验）的问题，而儿童可以在实验中使用真实的材料或仿真材料。她把这个策略称为"变量扫描"（p.45）。"变量"是指可以变化或改变的元素或特征。这意味着人们可以通过控制和操作变量来观察这个过程对结果的影响。学前儿童和小学低年级儿童可以理解和控制许多实验变量。儿童在项目活动中尝试过的一些实验变量包括：制成物品的材料（例如，玩具桥由橡皮泥、木材还是纸制成），一个过程需要花费的时间（例如，杯子蛋糕需要烤2分钟、10分钟还是1小时），以及动物所吃的食物。教师一旦意识到儿童有机会思考各种各样的选择，就可以用问题来激发他们的思考。例如，在一个关于桥梁的项目中，儿童可能对桥梁的材质感兴趣。事实上，这个问题有各种各样的答案，包括木材、钢筋、混凝土、绳子等。当教师能够意识到有许多实验变量，并且儿童对桥梁建设方面感兴趣时，他就可以让儿童思考各种可能的答案。例如，教师可以首先问："如果我们要在教室里架起一座桥，用什么材料来搭建可以让它更结实呢？"进而提出："你还能想出其他的材料来搭建吗？"最后，问他们："你认为哪种材料会使桥梁更坚固呢？我们怎么测试桥梁是不是坚固呢？"通过提问，教师让儿童感知到了各种可能性，也帮助他们学习如何有目的地组织自己的思维，确定问题的替代解决方案，并得出结论。

例如，在"锣架"项目中，儿童在设计锣架时会考虑很多变量：锣架的形状可以是圆形或方形的；他们可以使用木材、黏土或金属材料制作锣架。就像"锣架"项目活动，有时，一个有各种解决方案的问题或难题很快就会出现。即使是幼小的儿童也可以自己"尝试"不同的选择并观察结果，这正是儿童在建构区设计锣架时所发生的事情。

  一个把变量作为激发物的案例发生在克里斯蒂娜老师的幼儿班。孩子们发现有一条蛇在花园后面沿着花坛的边缘移动。一名教师轻轻地捉住这条蛇，让孩子们可以更仔细地观察它。孩子们很想进一步研究这条蛇，所以第二天克里斯蒂娜老师带了一个水族箱，为这条蛇搭建了一个临时小窝。孩子们收集了树叶和草，好让蛇在里面待得舒适一些。他们谈论了蛇在临时的小窝里需要什么。当儿童问"蛇吃什么？"时，克里斯蒂娜老师没有直接回答这个问题，而是意识到这个问题可能有很多种不同的答案，因此，她决定让孩子们自己寻找答案。她询问了孩子们的想法。儿童认为蛇吃的食物有鲜花、雨水、草、沙拉、树叶、树枝和虫子。在上午的讨论中，克里斯蒂娜老师和孩子们回顾了前一天为蛇制作的食物清单。孩子们讨论了一些观察方法，以观察蛇到底吃哪一类食物。克里斯蒂娜老师帮助孩子们制作了一张表格来记录他们的想法。另一个激发儿童思考的策略是鼓励儿童预测答案，这也正是克里斯蒂娜老师鼓励孩子们做的事情。在预测了蛇可能会吃什么之后，孩子们和教师来到户外收集清单上的食物。

  孩子们把食物和蛇一同放在水族箱里来验证他们的预测。他们看了又看，观察到当蛇发现虫子在草地上扭动时就把它整个吞进了肚子里！他们继续观察，发现蛇没有吃水族箱里其他的食物。他们把观察结果记录在表格中。第二天，孩子们又在水族箱里放了一条虫子，发现蛇很快就把它吃掉了。孩子们前一天的结论得到了证实。他们得出结论，蛇吃虫子（见表7.1）。

表 7.1 关于蛇的食物的发现记录

小蛇的食物	是	不是
蜘蛛		
蚯蚓		
小棍		
花朵		
叶子		
浆果		

第七章　如何激发儿童的深度学习 | 175

另一个有关儿童有目的地使用思维的例子发生在帕姆老师班上的小鸡项目活动中,本书第六章曾对此进行了描述。在项目实施期间,儿童使用孵化器孵化了鸡蛋。每天,他们都必须把孵化器中的鸡蛋翻四次。孵化器中的温度和湿度必须保持恒定,这样胚胎才能发育。孩子们意识到这些任务很重要,如果不去完成就会产生可怕的后果。至于如何完成这些任务,孩子们提出并思考了许多备选方案。最终,大家决定制作一张时间表,这样孩子们就不会忘记完成任务,同时每个孩子完成任务后都要在时间表上进行记录。孩子们制订了一个计划来翻转鸡蛋,并在每次翻转鸡蛋时检查孵化器的温度和湿度(见照片 7.9)。帕姆老师按照他们的要求制作了一张时间表,孩子们在上面认真记录任务的完成情况。这是儿童在项目活动中认真工作的另一个例子。

照片 7.9

为了检查对小鸡胚胎发育至关重要的温度和湿度,儿童很快学会了"读取"孵化器仪表数据的方法

激发儿童深入思考的策略

在项目活动中有很多方法可以激发儿童的深入思考。以下是教师认为最有帮助的一些策略。

1. 关注项目主题如何与儿童（与项目主题内容相关的儿童的神经网络）建立联系。谈论真正与儿童生活相关的话题，鼓励儿童谈论话题并分享故事。学前儿童或年龄更大一些的儿童也可以画一画、写一写他们所知道的事情。

2. 用游戏激发儿童对项目主题的兴趣。角色游戏可以帮助班级儿童建立共同的背景知识，并促进儿童运用与主题相关的基本词语。

3. 在项目活动的第二阶段或第三阶段，教师可以通过鼓励儿童运用所获得的知识和新的词语来创设一个复杂的游戏环境。教师要鼓励儿童在其中游戏，并谈论他们的游戏。

4. 在运用班级以往开展的学习活动前，教师应通过改变预期结果、可用的材料或陈述来重新设计它们，让它们更具有开放性，让儿童可以结合自己的发展水平来获得新的经验。

5. 通过改变环境（家具、环境布置、特定区域的使用）来整合项目内容。教室环境的多样化让所有儿童都能在项目活动中找到自己的一席之地。

6. 列出教室中可以增加的材料清单。教师需要思考如何通过增加或减少一些材料来让儿童专注于项目的特定方面。教师可以考虑将材料配对投放，并以更深思熟虑的方式呈现材料。

7. 教师回顾自己绘制的计划网络图，列出可能出现或由教师发起的小型或大型激发物的具体领域清单，尤其是要注意可以引发儿童实践并实现课程目标的机会。

8. 查看儿童的网络图，找出儿童误解的内容。然后通过创设激发物，鼓励儿童去发现或挖掘信息，让他们重新思考这些误解。

9. 在回顾儿童的问题时，确认那些他们能自己找到答案的问题。教师通过询问儿童打算如何寻找答案来鼓励儿童实施自己的研究和调查。
10. 在儿童探索时，仔细观察和倾听。教师扪心自问："我如何才能帮助儿童在更高的层次上进行思考？"在儿童参与活动时，教师要充分在场并与他们进行互动，而不只是一个无所事事的旁观者。
11. 帮助儿童掌握一套解决问题的方法。教师询问儿童有什么想法，帮助他们回顾之前成功的经验。当他们感到沮丧时，教师可以提供替代方案。
12. 把握融入学业技能的机会，比如书写、数字和数据的运用。教师可以适时地提醒儿童运用他们的已有经验。如果他们需要学习一项新的技能，教师应向他们展示可以做哪些事情来推进他们的项目。
13. 关注使用大型激发物的契机，如大型建构项目或必须解决的重大问题。不要过早地认为一个问题或计划超出了该年龄段儿童的典型能力水平。教师应该给儿童提供更多的机会，让他们知道在你的帮助下，他们可以解决这个问题。最后，总结儿童的想法和计划。

无论是在激发儿童的参与度还是在实现课程目标的有效性方面，激发物都可能成为项目活动的亮点。只要教师谨记，他们的目的不是激发自己的思考而是激发儿童的思考，儿童就能够获得许多精彩绝伦的学习体验。

路漫漫其修远兮

从学习如何基于心智、脑和教育科学的新知识来指导项目活动中的深度学习开始，我们开启了自己的旅程。当我们即将结束这次学习之旅时，我想回到最初的出发点。在导论中，我定义了深度项目活动，它可以发展儿童的心智和大脑能力。让我们共同回顾一下，项目活动中的深度学习：

- 让儿童能够体验心智洞察力和思维的深度；
- 与儿童的世界紧密相连，让儿童全心全意地参与并保持浓厚的兴趣；

- 是对真实物体的感官体验，融合了复杂的知识；
- 激发儿童进行深度思考，分析、综合新想法，创作有意义的艺术作品、搭建结构等；
- 把教师看作共同学习者；
- 激励儿童学习和实践学业技能；
- 支持课程目标或标准的达成；
- 让儿童真实地探索成人所做的工作。

在本书中，我分享了许多不同学校背景下的优秀的深度项目活动。书中介绍了深化项目活动的策略，希望本书提供了足够的细节来帮助你进行尝试。在附录 G 中，我提供了一份关于深度项目活动的要素，心智、脑和教育科学教学指南以及大脑执行功能技能的检查表，以便你反思自己的项目活动。希望你能邀请同事或朋友一起进行反思活动。当你与他人分享时，项目活动的进一步发展会变得容易许多。

本书中提到的研究、理论、策略和方法都很有帮助，并且提供了一些案例，但这些案例也许并没有展示幼儿在项目活动中的深度学习。当班级开展深度项目活动时，我看到了快乐——学习的快乐、发现的快乐、运用智慧思考的快乐（包括孩子和教师）以及完成有意义的工作的快乐。

当我们教育工作者理解了神经科学传递的信息时，我们就会满怀希望。儿童的智力并非是在出生时写就的，我们也一样。我们可以建构儿童的心智和大脑能力，我们也可以建构自己的能力。我们可以改变教室的环境，成为自己心目中的理想教师。我们只需要有勇气扔掉作业本，把旧教案抛诸脑后，忘记花哨的公告板和传统的学习单元，重新关注儿童。他们在想什么？什么能够让他们兴奋？他们想玩什么，想做什么？我们可以一起探索什么？路漫漫其修远兮，让我们一起加油干吧！

附录

附录A 心智、脑和教育科学应用于教学的信息类别

由哈佛大学托库马-埃斯皮诺萨教授（2008）召集的德尔菲专家小组开发了一个新学科模型——心智、脑和教育科学。该专家小组提出了12个应对个人学习问题的信条、21个适用于所有学习者的学习原则以及10个教学指南。专家小组将文献综述中关于大脑和学习的信息分为四类：（1）公认的内容；（2）可能是这样的内容；（3）明智的猜测；（4）流行的误解或神话。除了是专家小组的一致意见外，这些分类还受到"最佳证据百科全书"和"有效教育策略资料中心"所提标准的影响。

A. 公认的内容

A1. 人类的大脑和脸一样独特，虽然大脑的基本结构相同，但没有两个大脑是完全一样的。尽管不同人的大脑在如何学习以及涉及哪些大脑区域方面遵循一般的组织模式，但每个大脑都是独一无二的，有其独特的组织方式。（Tokuhama-Espinosa，2008，p.356）

A2. 并非所有大脑在解决问题的能力上都是一样的。环境和能力会影响学习，这种环境包括学习环境、学习新主题的动机以及先前的知识。（p.356）

A3. 大脑是一个复杂、动态、综合的系统，它不断地随着经验的变化而变化，尽管大多数变化仅在微观层面上可见。（p.356）

A4. 人类的大脑具有高度的可塑性，并在整个生命周期内不断发展，尽管这种可塑性有很大的限制，而且这些限制会随着年龄的增长而增加。（p.357）

A5. 将新信息与先前的知识联系起来有助于学习。（p.357）

B. 可能是这样的内容

B1. 人类的大脑寻求并经常能快速地发现新奇的事物，而对什么是新奇的事物的定义因个体而不同。（p.165）

B2. 人类的大脑寻求能预测结果的模式，神经系统会对反复激活的模式形成反应（模式因人而异）。（p.162）

B3. 人类的学习是在发展的过程中实现的，大多数技能都遵循一个普遍的模式，包括整个教育文化中的学业技能，如阅读、写作和数学。（p.371）

B4. 提取线索的练习能够促进陈述性记忆过程。（p.281）

B5. 对关键概念的阐述（公开教学）有助于新的学习。（p.321）

B6. 陈述性知识的获取依赖记忆力和注意力。（p.81）

B7. 营养状况会影响学习（良好的饮食习惯有助于学习，而不良的饮食习惯会影响大脑最大限度地发挥学习潜力）。（p.172）

B8. 水是"大脑的食物"。（p.277）

B9. 睡眠对于陈述性记忆的巩固或学校里发生的外显学习来说很重要（不过其他类型的记忆，如情感记忆，可以在没有睡眠的情况下实现）。睡眠不足会对记忆产生负面影响。（p.360）

B10. 压力会影响学习。好的"压力"（良性应激）会提高注意力，有助于学习，而"坏的"压力会削弱学习潜力。（p.364）

B11. 人的大脑会以快速且通常无意识的方式判断他人的面部表情和声音的威胁程度，这会影响其对这些信息的感知方式（即有效、无效、可信、不可信，等等）。（p.360）

B12. 反馈和有意义的评估对人类的学习很重要，不过反馈的重要性和作用在不同的领域和过程中有很大差异。（p.169）

B13. 自我调节(通过执行功能监控自己)是高阶思维能力不可或缺的一部分。（p.321）

B14. 人类大脑发育过程中有一个"敏感期"（不是关键期），在这个时期，人们比其他时候更容易掌握某些技能。（p.177）

B15. 情绪对决策至关重要。（p.357）

B16. 来自他人（通常是教师、同伴或父母）的支持（学业、道德或其他方面）对最佳学习表现至关重要。（p.168）

B17. 当学习者积极主动地建构知识时，他们会获得激励并参与学习。（p.159）

B18. 对意义的追寻是人类与生俱来的天性。（p.159）

附录 B 杜威眼中的项目活动：我和杜威有多远

杜威的观点	这如何发生在我班级的项目活动中？
教育的目的在于使个人能够继续他们的教育——获得持续生长的能力。	
儿童的天性： • 社交本能——对话、人际交往和交流，以便与他们的经历建立连接 • 制作本能——建造事物的冲动 • 探究本能——找出事情的真相 • 艺术本能——表达的冲动	
教师的作用： 在项目活动中，教师作为学习共同体中的一员，是一个共同学习者，通过组织材料、设备和经验来指导和促进项目活动开展。	
主题选择： 对民主社会中的成人职业进行真实探索；真实有意义的工作。也就是说，主题应与社会的实际工作相联系（学习、了解世界、互帮互助、创造）。	
专家和实地参观的作用： 让儿童接触从事相关工作的成人，让儿童自己观察成人——他们在做什么，他们如何表现，他们从事什么，结果是什么。 必须去行动——"去做，去行动，去使用和去操作"。	
实物： 教室里必须有"真实"的事物。	

附录 C 《共同核心州立标准》中的英语语言艺术领域和幼儿园项目活动

A= 幼儿园项目活动中能自然达成的标准
I = 可以通过教师整合的标准

《共同核心州立标准》之英语语言艺术领域	A/I	在幼儿园项目活动中的体现
文学作品的阅读标准		
主要观点和细节		
◇在提示和支持下,就文本的主要观点进行提问、回答。	I	听和读有关项目主题的现实主义故事或诗歌。听和读与项目主题有关且讲述儿童和成人的真实经历的图书,如在南瓜项目中读一本关于南瓜农场的书。 从书中找出人们做的与项目主题有关的事情。
◇在提示和支持下,复述熟悉的故事及其主要的细节。	I	
◇在提示和支持下,识别故事中的角色、场景及主要事件。	I	
技巧和结构		
◇就文章中的陌生词汇进行提问、回答。	A	听和读有关该主题的故事和诗歌。尽可能使用大开本的书,以便孩子们可以看到文字。 学会读项目主题涉及的词汇(如"乌龟"),然后在书中找到它。听和读有关该主题的现实主义故事,并谈论书中的图片、人物的冒险经历以及活动。 在儿童完成了对真实的毛毛虫的调查后,听和读一些幻想的故事,如《好饿好饿的毛毛虫》。对比现实世界中发生的事情,例如,现实中的毛毛虫吃什么。
◇识别常见的文学作品类型(如故事、诗歌)。	I	
◇在提示和支持下,知道文字作者和插图作者的名字及其在故事讲述中所起的不同作用。	I	

（续表）

《共同核心州立标准》之英语语言艺术领域	A/I	在幼儿园项目活动中的体现
整合知识和观点		
◇在提示和支持下，描述图文之间的关系（例如，插图描述了故事中的哪个时刻）。	I	听和读有关该主题的现实主义故事，谈论书中的图片以及人物的冒险活动。
◇在提示和支持下，比较自己所熟悉的故事中不同角色的经历。	I	将书中与该主题有关的经验和他们的实际经验相比较。
阅读范围及难度水平		
◇有目的地积极参与集体阅读活动。	A	参与关于现实主义故事的讨论，并说一说他们从书中了解到的有关主题的内容。
信息类作品的阅读标准		
主要观点和细节		
◇在提示和支持下，就文章的关键细节进行提问、回答。	A	学习如何使用信息类材料，以及如何识别与主题有关的项目词汇和主要概念（例如，不同种子的名称）。
◇在提示和支持下，理解文章的主要观点并复述关键情节。	I	在项目活动中，使用带到教室里的信息类书籍、文章、小册子或目录来研究项目主题。
◇在提示和支持下，描述文章中个体、事件、概念或信息间的关联。	I	
技巧和结构		
◇在提示和支持下，就文章中的陌生词汇进行提问、回答。	I	教师大声朗读信息类书籍，展示如何通过使用该书找到与主题相关的词汇，以及如何寻找问题的答案。
◇识别书的封面、封底及扉页。	I	
◇知道文字作者和插图作者的名字及其分别在信息类作品中表达观点或信息的作用。	I	孩子们开始熟悉书的结构，以及作者如何回答问题。
整合知识和观点		
◇在提示和支持下，描述图文之间的关系（例如，插图描述了文本中的什么人物、地点、事件或想法）。	I	使用有关项目主题的信息类书籍，将插图与教室里的实物进行比较。讨论作者为什么选择使用插图或照片，以及它显示了什么。
◇在提示和支持下，找到文本里支持作者观点的论据。	I	
◇在提示和支持下，识别同一主题下两篇不同文章的基本相似点及不同之处（例如，在插图、描述或程序等方面）。	I	比较关于项目主题的不同书籍，讨论这些书的差异，以及每本书的作用。

(续表)

《共同核心州立标准》之英语语言艺术领域	A/I	在幼儿园项目活动中的体现
阅读范围及难度水平		
◇ 有目的地积极参与集体阅读活动。	A	听和读与主题相关的书籍,目的是找到问题的答案,加深对主题的理解。年龄较大的孩子在研究这个主题时,听关于这个主题的内容复杂的图书,并使用书中的照片、图画和图表。
阅读标准:基本技能		
印刷体概念		
◇ 了解印刷体的组织形式与基本特点。	A	集体阅读有关该主题的书籍和手册。教师讨论印刷体概念。阅读与项目有关的大开本图书、海报和其他真实的印刷品。全班通过口述给专家发电子邮件,集体阅读专家发来的电子邮件。
√ 能够从左到右、从上到下、逐页阅读。	A	
√ 意识到口语可按特定字母的排序转化为文字。	A	
√ 了解印刷体的单词之间存在间隔。	A	
√ 识别并说出字母表中所有的大小写字母。	I	
语音意识		
◇ 展示对口头语言、音节及声音(音素)的理解。	I	教师使用项目研究中遇到的词汇来教授语音意识、单词、音节和发音(例如,"比萨")。 孩子们创建并阅读张贴在教室里的项目词汇表,通过使用首音字母查找到所需的特定单词。 教师使用有关主题的故事、诗歌、目录和网页,演示语音意识、单词、音节如何帮助他们发现和识别项目词汇。
√ 会分辨、创编押韵词。	I	
√ 数一数、混合并拆分口语单词中的音节。	I	
√ 混合并拆分单音节词的声母和韵母。	I	
√ 分解并读出三音位词中的首音、中音及尾音。	I	
√ 在简单的单音节词中添加或替换单音素来构成新单词。	I	

（续表）

《共同核心州立标准》之英语语言艺术领域	A/I	在幼儿园项目活动中的体现
发音和单词识别		
◇掌握并运用本年龄段的语音及词汇分析技能来分解单词。	I	当教师把主题涉及的词汇贴在标志、标签、单词墙和其他地方时，教师会讨论这些词汇。成人在完成项目目标的过程中帮助儿童发音和认识单词。
√ 通过发出每个辅音的主要或最常见发音，基本了解字母和发音之间的一一对应关系。	I	
√ 将长音和短音与五个主要元音的常用拼写（字母）联系起来。	I	
√ 通过视觉阅读常见的高频词（如："the" "of" "to" "you" "she" "my" "is" "are" "do" "does"）。	I	
√ 通过识别发音相同的不同字母来区分相似单词的拼写。	I	
流畅性		
◇有目的地阅读并理解启蒙性阅读材料。	I	当和主题相关时，启蒙性阅读材料被用来寻找信息回答问题、进行表征或为展示做准备。
写作标准		
文本类型和写作目的		
◇用绘画、口述和写作相结合的方式表达自己的观点，告知读者他们正在创作的书的主题或名称，并陈述对该主题或书的观点或偏好（例如，我最喜欢的书是……）。	I	当需要写作时，融入写作经验。将项目活动和项目词汇整合到写日记和其他写作活动中。儿童为图片和文字墙创建自己的标签。他们记录下问题和访谈内容。阅读启蒙性材料是为了寻找信息来回答问题、进行表征和做好计划。
◇用绘画、口述和写作相结合的方式撰写信息类文本或说明文，在文章中对所写的内容命名，并提供有关该主题的一些信息。	A	
◇用绘画、口述和写作相结合的方式叙述一个单独的事件或几个有一定联系的事件，按照事件发生的顺序进行讲述，并对发生的事件做出反应。	A	

(续表)

《共同核心州立标准》之英语语言艺术领域	A/I	在幼儿园项目活动中的体现
写作和发表		
◇在成人的指导和支持下，回应同伴的问题和建议，在必要时为作品添加细节。	I	参与有关项目活动的展示，撰写或口述项目历史、项目组成部分（如实地参观），描述他们对项目主题的了解。 与研究小组和教师分享写作内容，根据需要进行修改。参与制作幻灯片、电子网页，或出版有关项目活动的书籍。
◇在成人的指导和支持下，共同探索如何借助不同的信息技术手段来创作和发表作品，包括与同伴合作。	I	
通过研究来建构和展示知识		
◇参与研究和写作项目（例如，探索某个喜爱的作者的一系列书籍，并表达自己对它们的看法）。	A	与其他人一起调查主题，并撰写答案。产生问题、罗列问题并向专家提问；通过观察和调查寻找答案；将结论收集起来，在项目的第三阶段分享。
◇在成人的指导和支持下，从已有的经验或提供的阅读材料中收集信息，回答问题。	A	
听说标准		
理解与合作		
◇根据幼儿园的主题与文本，采用集体或小组的形式，与不同的同伴和成人进行合作性对话。	A	分享和讨论有关项目主题的背景知识，参与绘制已知内容的网络图。与专家和现场工作人员进行对话。讨论如何表征和分享所学知识。 参与项目活动所有阶段的小组和集体讨论，参与有关如何调查和如何分享所学知识的决策制定。 参与项目的日常对话，如讨论项目进展、制订计划和总结经验。 为班级调查活动提出问题，向成人和专家提问。记录答案，并与全班分享。分享在书籍和其他资源中找到的有关调查问题的答案。 与教师和其他人讨论哪些问题得到了解答，以及哪些问题还需要帮助。分享获得帮助的想法。向他人解释答案，并帮助他人理解概念。
√ 遵守商定好的讨论规则（例如，谈话时倾听他人发言并轮流发言）。	A	
√ 通过多次交换的方式开展一次谈话。	A	
◇通过对文章的关键细节进行提问和回答以及请求教师对文本内容进行解释来明确对文本的理解。	A	
◇通过提问和回答问题来寻求帮助、获取信息或澄清一些疑难之处。	A	

（续表）

《共同核心州立标准》之英语语言艺术领域	A/I	在幼儿园项目活动中的体现
知识和观点的表达		
◇描述熟悉的人物、地点、事件，并在成人的提示和支持下提供额外的细节信息。	A	在第一阶段讨论关于主题的先前经验。讨论他们在实地参观过程中和从专家那里看到和学到的内容。用绘画作品展示对专家问题的回答。绘制思维图表。补充儿童在不同时段画的画或其他表征形式（时间阶段1和时间阶段2）。描述在实地参观过程中或从专家那里学到的东西，解释解决问题的想法或陈述计划。
◇根据需要，借助绘画作品或其他方式补充细节信息。	A	
◇用他人可以听见的声音清楚地表达自己的思考、感受及观点。	A	
语言标准		
标准英语的规则		
◇读写时遵循标准英语的语法和语用规则。	A	向专家和实地参观地点负责人提出问题。与同伴合作调查。通过创造、建模、绘图和演示来表征事物如何工作，并对其进行解释。
√ 会书写大写和小写字母。	A	
√ 使用常见的名词和动词。	I	
√ 通过口头添加 /s/ 或 /es/ 表示普通的复数名词（如：dog, dogs；wish, wishes）。	I	
√ 掌握并使用疑问词（疑问句）（如：who, what, where, when, how 等）。	A	
√ 使用最常见的介词（如：to, from, in, out, on, off, for, of, by, with）。	A	
√ 在语言分享活动中使用并扩展完整的句子。	A	
◇写作时表现出对字母的大写规则、标点符号的使用规则及拼写规则的掌握。	I	
√ 将句子中的第一个单词的首字母和代词 I 大写。	I	
√ 识别并命名结尾的句号。	I	
√ 能写出大多数辅音和短元音（音素）的一个或多个字母。	I	
√ 根据语音与字母关系的知识，依据语音拼写出简单的单词。	I	

（续表）

《共同核心州立标准》之英语语言艺术领域	A/I	在幼儿园项目活动中的体现
词汇习得与使用		
◇基于幼儿园的阅读内容，确定或澄清陌生词语及多义词的含义。	A	学习并使用项目词汇，丰富项目词汇墙。对与项目有关的、具有共同特征的事物（如鸟类吃的不同种子）进行分门别类，并使用标签。 学习项目词汇以及如何使用它们。 给新的词汇下定义，并在对话和游戏场景中正确使用它们。使用项目词汇和短语参与对话、访谈、调查和展示。
√ 识别已知单词的新含义，并准确地应用它们，例如，知道鸭子（duck）是一种鸟，并学习它的动词含义"回避（duck）"。	A	
√ 使用最常见的词形变化和词缀（例如-ed、-s、re-、un-、pre-、-ful、-less），并以此作为线索来推测陌生单词的含义。	I	
◇在成人的指导和支持下，探究词语间的关系及词义上的细微差别。	I	
√ 将生活中常见的对象分类（如形状、食物），以了解这些类别所代表的概念。	I	
√ 通过将常见的动词和形容词与其对立面（反义词）联系起来，以明确对它们的理解。	I	
√ 明确单词及其用法之间的实际联系。	I	
√ 在用动词描述同一类行为时（例如，行走、列队走步、趾高气扬和昂首阔步），能够通过表演来表现动词之间的意义差异。	I	
◇能运用从谈话、阅读、他人的朗读和对文章问题的回答中学习到的词汇及短语。	A	

附录 D 《共同核心州立标准》中的数学领域和幼儿园项目活动

A= 幼儿园项目活动中能自然达成的标准
I = 可以通过教师整合的标准

《共同核心州立标准》之数学领域	A/I	在幼儿园项目活动中的体现
计数与基数		
◇知道数字的名称和计数顺序。 ◇点数物体的数量。 ◇比较数字的大小。	A A A	教师确定并准备与主题相关的可以计数、比较、测量、分类和分组的物品。教师还与专家交谈，了解他们在工作中对哪些物品进行分类，并为班级借用一些物品，特别是一些数量在1~20之内的物品。儿童在实地参观时数数并记录物品或物品零件（如轮胎、联合收割机的车头）的数量。儿童比较所计数事物的数量（如：小汽车与卡车的数量，不同种类种子的数量）。
运算与代数思维		
◇理解加减法：加法就是放在一起或者添加，减法就是拆开或者移出。	A	教师与专家交谈，了解他们可能会与孩子分享的加减法。教师向专家和实地参观地点的负责人询问他们日常所做的计数、加法或减法的情况。孩子们解决与主题有关的简单的真实问题。他们使用项目对象或项目对象的图例来解决问题（例如，在兽医的医院里有五只狗，但笼子里只有三个狗碗。他需要拿出多少个狗碗放进笼子里？）。
10—19 的数和运算		
◇学习数字10—19，为理解数字所代表的意义打下基础。	I	用项目活动中的物体来计数和记录。教师讨论使用10以上数字的必要性以及记录的方式。

（续表）

《共同核心州立标准》之数学领域	A/I	在幼儿园项目活动中的体现
测量与统计		
◇描述和比较物体可测量的属性。 ◇对物体进行归类，并能够数出每一类物体的数量。	A A	测量并比较项目活动中两个有共同可测量属性的对象（例如：哪种植物最高，是西红柿还是青豆？哪一株可以采摘的西红柿最多？）。对被测量的对象进行分类，并计算每一类对象的数量。
几何		
◇区分和描述各种形状。 ◇分析、比较、创造和组合图形。	I I	使用形状来描述物体、机械零件、水果和任何其他适用的对象。 　　通过绘画、建模或其他表征形式创建二维和三维图形。分析原物体，讨论形状，并在建造前绘制一张平面图。
数学应用		
◇理解问题并努力地解决它们。 ◇抽象地和定量地进行推理。 ◇构建可行的参数，并评价他人的推理是否合理。 ◇用数学建模。 ◇有策略地使用适当的工具。 ◇注重精确性。 ◇寻找并利用结构。 ◇在反复推理中寻找并表达规律。	I	这些数学练习适用于所有年龄段。教师在项目活动中寻找机会，让儿童解决与主题相关的、有意义的真实的问题，并帮助儿童理解数学思维的价值（例如，如何使用单个积木在谷仓模型上创建一个斜屋顶）。教师让成人参与到和项目有关的工作中，以便为问题解决创造数学难题。教师应当鼓励所有项目活动的精确性和准确性，包括计算、记录数据、创建逼真的模型或游戏环境。当儿童解决与项目有关的数学问题时，教师会记住并提醒他们思考如何解决类似的问题，从而让儿童举一反三发展问题解决策略。

附录 E 课程目标（标准）与项目内容编织图

使用下图来练习将课程目标（标准）和主题概念真正地联系在一起。通过学习这种思考方式，你将能够在项目活动实施过程中自发地回应儿童。和所有新的思考技巧一样，你用这种方式思考得越多，就可以越快越容易地掌握它。

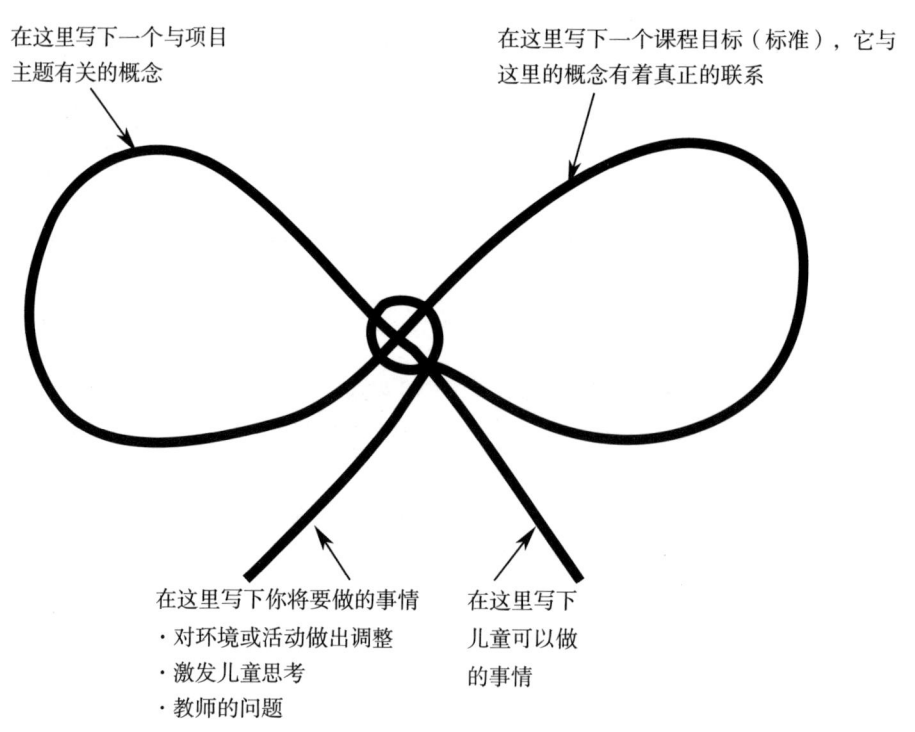

附录 F　创建计划网络图

准备：结合主题选择的原则，选择一个有价值的主题。

第一步：**预测项目主题可能涉及的概念**。将有关该主题的概念编成一个网络图，并把该主题放在中心位置。例如，关于植物这个主题，它的概念包括：植物从球茎生长出来，球茎有不同的大小（小、中、大），球茎贮存营养物质，植物生长需要土壤、水和阳光，植物有各个部分，等等。

第二步：**找到将课程标目标（标准）融入项目活动的真实机会**。检查网络图，并在课程知识、技能或标准——这些都应该基于你班级儿童的年龄/年级水平而教授——自然出现的地方添加它们。儿童会自然而然地遇到一些需要测量概念的地方，例如，"球茎的大小"或"植物的高度"。

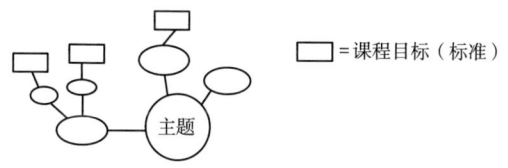

第三步：**将课程目标（标准）和主题概念联结起来**。看看你创建的网络图。当课程目标（标准）和主题概念结合在一起时，打一个结。

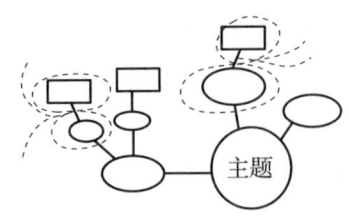

第四步：列一份可能的、真实的活动清单来扩展儿童的兴趣，并将课程目标（标准）与儿童感兴趣的内容联系起来。利用这种联系来思考真实的活动。例如，数字的真正用途是找出种子的价格、植物的高度或记录植物的行数，而不是回答在教师制作的、纸制的郁金香上列出的问题。在这个环境中你能做什么？你能提出什么问题？哪些激发手段会有帮助？将这些想法记录在可能的项目活动清单中。

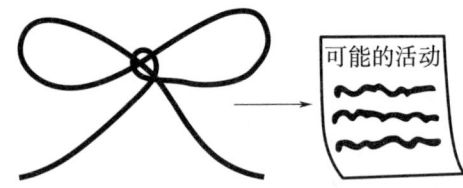

第五步：追随儿童的兴趣，缩小项目主题范围。教师通过一些活动来启动这个主题（如果这个主题不是由儿童发起的），并帮助儿童建立背景知识。然后，跟随儿童的脚步，缩小主题范围。

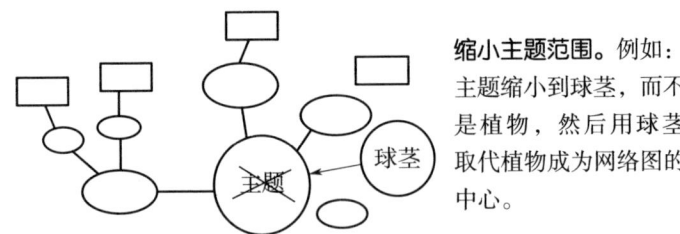

缩小主题范围。例如：主题缩小到球茎，而不是植物，然后用球茎取代植物成为网络图的中心。

重新调整教学技巧，以符合儿童对这一更聚焦的新主题的兴趣。收集儿童的问题，调查、表征、采访并参观现场。随着儿童不时地提出问题和建议，不断地回顾你想要达到的课程目标（标准），并寻找更多方法将其与儿童感兴趣的内容联系起来。

对于那些在项目活动中没有涉及的课程目标（标准），教师：
- 可以选择以另一种形式引入；
- 可以选择在其他时间用另一主题达成；
- 可以进行直接教学，如果它们重要但不是在实践中生成的话。

附录 G 项目活动反思

在这个项目活动中 有哪些深度学习的典型要素？	Y（是）/N（否）/S（部分）	观察记录
这个主题与儿童的发展相适宜，与课程相关且有价值。		
儿童对这个主题高度好奇，参与度很高。		
引发关注的事件发生了。		
个人有回忆相关主题经验的时间，以及积累背景知识的机会。		
教师评估并记录儿童已有的知识。		
网络图或清单中记录了将概念和课程目标相整合的预期计划。		
儿童提出的问题（包括儿童提出的更高层面的问题）驱动着调查。		
有可供调查的真实的物体。		
儿童可以接触到教师以外的专家。		
教师持续进行档案记录（整个过程的照片，而不仅仅是最后作品的照片）。		
有实地参观活动（范围可能包括学校内或学校周边）。		
完成了观察性绘画和后续绘画作品。		
教师使用了多种激发儿童的方法。		
儿童的表征是对他们的概念或想法的真实演绎。		
儿童和教师有机会进行元认知。		
对所学内容进行总结或展示。		
家庭有参与的机会。		
反思你对以上问题的回答，写下对该项目的简短评价。		

在这个项目活动中出现了哪些心智、脑和教育科学教学指南？	Y（是）/N（否）/S（部分）	观察记录
1. 学习环境。富有启发性的对话，清晰的目标愿景，以孩子为中心的活动。		
2. 意义。与儿童相关的真实体验（自然环境）；评估先验知识，考虑文化背景。		
3. 记忆。支持长时记忆的活动：联想记忆——与先验知识相关联；情感上重要的记忆——儿童重视的事物；具有生存价值的记忆——儿童明白掌握这些知识的必要性。		
4. 注意力持续时间。短时间参与和反思的时间交替进行。		
5. 学习的社会性。社会互动，讨论，一起合作。		
6. 身心联系。关注完整儿童的需求。		
7. 精心安排，使儿童沉浸其中。由于任务的不同，儿童在不同的层次上开展项目活动，每个人都各得其所。		
8. 主动的过程。减少被动地倾听，将知识付诸行动，包括高阶思维、技能的发展，提升学习潜力。		
9. 元认知。有时间对学习进行反思，最大限度地巩固记忆。		
10. 终身学习。与儿童发展相适宜的活动应被视为里程碑和基准，而不是用来限制儿童可以做什么或给儿童贴标签。		

儿童在这个项目活动中 使用了哪些执行功能技能？	Y（是）/N（否） /S（部分）	观察记录
山丘：设定目标并迎接挑战。设定目标并专注地学习想知道的知识；自主学习。认识到，他们想要也需要知道一些事物。		
技能：真实地建立联系，保持专注，学习完成任务所需的技能。		
毅力：坚持实现目标，努力与他人沟通，参与学习的过程。		
这个项目活动在多大程度上培养了儿童的心智和大脑能力？		

参考文献

Anderson, L. W., & Krathwohl, D. R. (Eds.). (2001). *A taxonomy for learning, teaching, and assessing: A revision of Bloom's taxonomy of educational objectives.* New York, NY: Longman.

Au, W. (2007). High-stakes testing and curricular control: A qualitative metasynthesis. *Eduational Researcher, 36* (5), 258–267.

Barell, J. (2007). *Problem-based learning: An inquiry approach.* Thousand Oaks, CA: Corwin Press.

Bartel, M. (2013). Teaching observation drawing to young children.

Berk, L. E., Mann, T. D., & Ogan, A. T. (2006). Make-believe play: Wellspring for development of self-regulation. In D. G. Singer, R. M. Golinkoff, & K. Hirsh-Pase. (Eds.), *Play = learning: How play motivates and enhances children's cognitive and social-emotional growth* (pp. 74–100). London, England: Oxford University Press.

Berk, L. E., & Winsler, A. (1995). *Scaffolding children's learning: Vygotsky and early childhood education.* Washington, DC: National Association for the Education of Young Children.

Blair, C. (2002). School readiness: Integrating cognition and emotion in a neurobiological conceptualization of child functioning at school entry. *American Psychologist, 57* (2), 111–127.

Blair, C. (2003, July). *Self-regulation and school readiness.* (ERIC Digest No. EDO-PS-03-7).

Blair, C. (2008). Executive functions and school readiness intervention: Impact, moderation, and mediation in the Head Start REDI program. *Developmental Psycopathology, 20* (3), 821–843.

Blair, C., & Razza, R. P.（2007）. Relating effortful control, executive function, and false belief understanding to emerging math and literacy ability in kindergarten. *Child Development, 78*（2）, 647–663.

Bloom, B. S., & Krathwohl, D. R.（1956）. *Taxonomy of educational objectives: The classification of educational goals, by a committee of college and university examiners. Handbook 1: Cognitive domain.* New York, NY: Longman.

Bodrova, E.（2008）. Make-believe play versus academic skills: A Vygotskian approach to today's dilemma of early childhood education. *European Early Childhood Education Research Journal, 16*（3）, 357–369.

Bodrova, E., & Leong, D.（1996）. *Tools of the mind: A Vygotskian approach to early childhood education.* New York, NY: Prentice Hall.

Boss, S., & Krauss, J.（2007）. *Reinventing project-based learning: Your field guide to real-world projects in the digital age.* Washington, DC: International Society for Technology in Education.

Bowman, B. T., Donovan, M. S., & Burns, M. S.（Eds.）.（2000）. *Eager to learn: Educating our preschoolers.* Washington, DC: National Academy Press.

Catherwood, D.（2000）. New views on the young brain: Offerings from developmental psychology to early childhood education. *Contemporary Issues in Early Childhood, 1*（1）, 23–35.

Chouinard, M. M.（2007）. Children's questions: A mechanism for cognitive development. *Monographs of the Society for Research in Child Development, 72*（1）, i, v, vii–ix, 1–129.

Copple, C.（2012）. *Growing minds: Building strong cognitive foundations in early childhood.* Washington, DC: National Association for the Education of Young Children.

Copple, C., & Bredekamp, S.（Eds.）.（2009）. *Developmentally appropriate practice in early childhood programs serving children from birth through age eight*（3rd ed.). Washington, DC: National Association for the Education of Young Children.

Dawson, G., & Fischer, K. W. (1994). *Human behavior and the developing brain*. New York, NY: Guilford Press.

Dewey, J. (1897). *My pedagogic creed*. New York, NY: E. L. Kellogg.

Dewey, J. (1915). *The school and societ*. (rev. ed.). Chicago, IL: University of Chicago Press.

Dewey, J. (1916). *Democracy and education: An introduction to the philosophy of education*. New York, NY: Macmillan.

Dewey, J. (1928). *The child and the curriculum*. Chicago, IL: University of Chicago Press.

Dewey, J. (1929). *My pedagogic creed*. Washington, DC: Progressive Education Association.

Dewey, J. (1933). *How we think, a restatement of the relation of reflective thinking to the educative process*. Boston, MA: D.C. Heath.

Diamond, A., & Lee, K. (2011). Interventions shown to aid executive function development in children 4–12 years old. *Science, 333* (6045), 959–964.

Dodge, D. T., Colker, L., & Heroman, C. (2002). *Creative curriculum for early childhood* (4th ed.). Washington, DC: Teaching Strategies.

Dombro, A. L., Jablon, J. R., & Stetson, C. (2011). *Powerful interactions: How to interact with children to extend their learning*. Washington, DC: National Association for the Education of Young Children.

Draganski, B., Gaser, C., Busch, V., Schuierer, G., Bogdahn, U., & May, A. (2004). Neuroplasticity: Changes in grey matter induced by training. *Nature, 427* (6972), 311–312.

Edutopia. (2014). Project-based learning.

Edwards, C., Gandini, L., & Forman, G. (Eds.). (1993). *The hundred languages of children: The Reggio Emilia approach to early childhood education*. Norwood,

NJ: Ablex.

Edwards, C., Gandini, L., & Forman, G.（Eds.）.（1998）. *The hundred languages of children: The Reggio Emilia approach—advanced reflections.* Greenwich, CT: Ablex.

Epstein, A. S.（2007）. *The intentional teacher: Choosing the best strategies for young children's learning.* Washington, DC: National Association for the Education of Young Children.

Fay, A., & Klahr, D.（1996）. Knowing about guessing and guessing about knowing: Preschoolers' understanding of indeterminacy. *Child Dev, 67,* 689–716.

Fischer, K. W.（2009）. Mind, brain, and education: Building a scientific groundwork for learning and teaching. *Mind, Brain, and Education, 3*（1）, 3–16.

Fischer, K. W., Daniel, D. B., Immordino-Yang, M. H., Stern, E., Battro, A., & Klizumi, H.（Eds.）.（2007）. Why mind, brain, and education? Why now? *Mind, Brain, and Education, 1*（1）, 1–2.

Fischer, K. W., & Immordino-Yang, M.（2008）. Introduction: The fundamental importance of the brain and learning. In J.-B. E. Team（Ed.）, *The Jossey-Bass reader on the brain and learning*（pp. 183–198）. San Francisco, CA Jossey-Bass.

Flavell, J., Green, F., & Flavell, E.（1995）. Young children's knowledge about thinking. *Monographs of the Society for Research in Child Development, 60*（1）, i, iii, v–vi, 1–113.

Gandini, L.（1997）. Foundations of the Reggio Emilia approach. In J. Hendrick（Ed.）, *First steps toward teaching the Reggio way*（pp. 14–25）. Upper Saddle River, NJ: Prentice-Hall.

Gardner, H.（1999）. *Intelligence reframed: Multiple intelligences for the 21st century.* New York, NY: Basic Books.

Gardner, H.（2006）. *The development and education of the mind: The selected works of Howard Gardner.* New York, NY: Routledge.

Gardner, H.（2008）. *Five minds for the future.* Boston, MA: Harvard Business Press.

Gathercole, S. E., Pickering, S. J., & Stegmann, Z.（2004）. Working memory skills and educational attainment: Evidence from national curriculum assessments at 7 and 14 years of age. *Applied Cognitive Psychology, 18*, 1–16.

Gillespie, L. G., & Seibel, N.（2006, July）. Self-regulation: A cornerstone of early childhood development. *Beyond the Journal: Young Children on the Web.*

Glassman, M., & Whayley, K.（2000）. Dynamic aims: The use of long-term projects in early childhood classrooms in light of Dewey's educational philosophy. *Early Childhood Research and Practice, 2*（1）.

Grant, M. M.（2002）. Getting a grip on project-based learning: Theory cases and recommendations. *Meridian: A Middle School Computer Technologies Journal, 5*（1）.

Hardiman, M. M.（2012）. *The brain-targeted teaching model for 21st-century schools*. Thousand Oaks, CA: Corwin Press.

Hardiman, M. M., & Denckla, M. B.（2010）. The science of education: Informing teaching and learning through the brain sciences. In D. Gordon（Ed.）, *Cerebrum 2010: Emerging ideas in brain science*（E-book）. New York, NY: Dana Press.

Harlan, J.（1984）. *Science experiences for the early childhood years*. Columbus, OH: Merrill.

Harms, T., Clifford, R. M., & Cryer, D.（1998）. *Early childhood environment rating scale-revised*. New York, NY: Teachers College Press.

Helm, J. H.（2011）. *Project approach implementation survey results*. Glenview, IL: Kohl Children's Museum.

Helm, J. H., Beneke, S., & Steinheimer, K.（2007）. *Windows on learning: Documenting young children's work*（2nd ed.）. New York, NY: Teachers College Press.

Helm, J. H., & Katz, L. G.（2011）. *Young investigators: The project approach in the early year.*（2nd ed.）. New York, NY: Teachers College Press.

Holt, B.G.（1989）. *Science with young children*（rev. ed.）. Washington, DC: National Association for the Education of Young Children.

Illinois State Board of Education. (2013). *Illinois early learning and development standards.* Springfield, IL: Author.

Jelly, S.(2001). Helping children raise questions and answer them. In W. Harlen(Ed.), *Primary science: Taking the plunge* (pp. 36–47). Portsmouth, NH: Heinemann.

Jennings, J., & Rentner, D. S. (2006). Ten big effects of the No Child Left Behind Act on public schools. *Phi Delta Kappan, 88* (2), 110–112.

Jones, E., & J. Nimmo. (1994). *Emergent curriculum.* Washington, DC: NAEYC.

Katz, L. G. (1993). *Dispositions as educational goals.* ERIC Digest. Urbana, IL: ERIC Clearinghouse on Elementary and Early Childhood Education.

Katz, L. G. (2012). Distinctions between academic versus intellectual goals for young children. NY-SAEC Reporter, 39 (2), 1-15.

Katz, L. G. (2003). Building a good foundation. In J.H. Helm & S. Beneke (Eds.), *The power of projects: Meeting contemporary challenges in early childhood classrooms— strategies and solutions* (pp. 10–18). New York, NY: Teachers College Press.

Katz, L. G., & Cesarone, B. (1994). *Reflections on the Reggio Emilia approach. Perspectives from ERIC/EECE: A monograph series* (No. 6). Urbana, IL: ERIC Clearinghouse on Elementary and Early Childhood Education.

Katz, L. G., & Chard, S. C. (1989). *Engaging children's minds: the project approach.* Norwood, NJ: Ablex.

Katz, L. G., & Chard, S. C. (2000). *Engaging children's minds: The project approach* (2nd ed.). Stamford, CT: Ablex.

Kozulin, A. (2003). Psychological tools and mediated learning. In A. Kozulin, B. Gindes, V. S. Ageyev, & S. M. Miller (Eds.), *Vygotsky's educational theory in cultural context* (pp. 15–38). Cambridge, England: Cambridge University Press.

Kozulin, A., Gindes, B., Ageyev, V. S., & Miller, S, M. (2003). Introduction: Sociocultural theory and education: Students, teachers, and knowledge. In A. Kozulin, B.

Gindes, V. S. Ageyev, & S. M. Miller (Eds.), *Vygotsky's educational theory in cultural context* (pp. 1–11). Cambridge, England: Cambridge University Press.

Kuhn, D. (2002). What is scientific thinking and how does it develop? In U. Goswami (Ed.), *Blackwell handbook of childhood cognitive development* (pp. 371–395). Malden, MA: Blackwell.

Kuo, Z. Y. (1976). *The dynamics of behavior development.* New York, NY: Plenum Press.

LeeKeenan, D., & Nimmo, J. (1993). Connections: Using the project approach with two and three year olds in a university laboratory school. In C. Edwards, L. Gandini, & G. Forman (Eds.), *The hundred languages of children: The Reggio Emilia approach to early childhood education* (pp. 251–268). Norwood, NJ: Ablex.

Linder, T. (2008). *Transdisciplinary play-based assessmen* (2nd ed.). Baltimore, MD: Paul H. Brookes.

Markham, T., Larmer, J., & Ravitz, J. (2003). *Project based learning handbook: A guide to standards-focused project based learning for middle and high school teachers.* Novato, CA: Buck Institute for Education.

Marzano, R., & Kendall, J. S. (2006). *The new taxonomy of educational objectives.* Thousand Oaks, CA: Corwin Press.

Math and Science Partnership (MSP). (2010). What we know about deepening teachers' content kowledge: Engaging teachers with developing conceptual maps of mathematics/science content.

Moran, S., & Gardner, H. (2010). "Hill, skill, and will": Executive function from a multiple-intelligences perspective. In L. Meltzer (Ed.), *Executive function in education: from theory to practice* (pp. 19–38). New York, NY: Guilford Press.

Morton, B. A., & Dalton, B. (2007). *Changes in instructional hours in four subjects by public school teachers of grades 1 through* 4 (Stats in Brief, NCES 2007-305). U.S. Department of Education, Institute of Education Sciences, National

Center for Education Statistics.

National Governors Association Center for Best Practices & Council of Chief State School Officers. (2010). *Common Core State Standards*. Washington, DC: Authors.

New, R.(1990). Excellent early education: A city in Italy has it. *Young Children, 45*(6), 4–10.

NWO. (Netherlands Organization for Scientific Research). (2010, May 17). Talking seriously with children is good for their language proficiency. *Science Daily*.

Perney, J. (2006). *Early Childhood Connections Project 2005–2006: Evaluation and assessment overview*. Glenview, IL: Kohl Children's Museum.

Pohl, M. (2000). *Learning to think—thinking to learn: Models and strategies to develop a classroom culture of thinking*. Cheltenham, Victoria, Australia: Hawker Brownlow Education.

Polman, J. L. (2000). *Designing project-based science: Connecting learners through guided inquiry*. New York, NY: Teachers College Press.

Rankin, B. (1992). Inviting children's creativity: A story of Reggio Emilia, Italy. *Child Care Information Exchange, 85,* 30–35.

Rice, M. (2012, February 17). Understanding the importance of self-regulation for preschoolers. *Innovations and Perspectives*.

Rotherham, A. J., & Willingham, D. (2009). 21st century skills: The challenges ahead. *Educational Leadership, 67* (1), 16–21.

Shenk, D. (2010). *The genius in all of us: New insights into genetics, talent, and IQ*. New York, NY: Random House.

Smith, G. A., & Sobel, D. (2010). *Place- and community-based education in school*. New York, NY: Routlege.

Smith, L. (1997). Open education revisited: Promise and problems in American educational reform. *Teachers College Record, 99* (2), 371–415.

Sousa, D. A.（2010）. *Mind, brain, and education: Neuroscience implications for the classroom.* Bloomington, IN: Solution Tree Press.

Sousa, D. A.（2011）. *How the brain learns*（4th ed.）. Thousand Oaks, CA: Corwin Press.

Squire, L. R., & Kandel, R. S.（2009）. *Memory: From mind to molecules*（2nd ed.）. Greenwood Village, CO: Roberts.

Sylwester, R.（2005）. *How to explain the brain: An educator's handbook of brain terms and cognitive processes.* Thousand Oaks, CA: Corwin.

Tanner, L. N.（1997）. *Dewey's laboratory school: Lessons for today.* New York, NY: Teachers College Press.

Thomas, J. W.（2000）. *A review of research on project-based learning.* San Rafael, CA: Autodesk Foundation.

Tokuhama-Espinosa, T.（2010）. *The new science of teaching and learning: Using the best of mind, brain, and education science in the classroom.* New York, NY: Teachers College Press.

Virginia Department of Education.（2010）. *Science Standards of Learning for Virginia Public Schools.* Richmond, VA.

Vygotsky, L.（1966）. Play and its role in the mental development of the child（C. Mulholland, trans.）.

Zull, J. E.（2002）. *The art of changing the brain: Enriching teaching by exploring the biology of learning.* Sterling, VA: Stylus.

Zull, J. E.（2004）. The art of changing the brain. *Educational leadership, 62*（1）, 68–72.

Zull, J. E.（2011）. *From brain to mind: Using neuroscience to guide change in education.* Sterling, VA: Stylus.